本國史基本讀本（下）

孫文學校◎編著

序：國人不可不知本國史

隨著台灣的民主化，中華民國的歷史、文化、思想教育也發生了顛覆性的巨大變化。經過三十年從量變到質變的過程，現在國人應已瞭解，這股以「自由化」、「多元」爲名的教育改革浪潮，其眞正的本質是要「去中華民國化」、「去中國史化」、「去立國思想化」、「去中華文化」的政治運動。

孫文學校出版「松、竹、梅、蘭」文史哲叢書，分別爲「本國史基本讀本」（松）、「中華文化基本讀本」（竹）、「孫文思想基本讀本」（梅）、「台灣史基本讀本」（蘭）四套書，塡補台灣已經逐漸失去的中華歷史觀、中華文化觀與立國思想，以期留下不致消亡的火種。

如果說記憶是形成一個人人格內在一致性的基礎，那麼歷史就會是形成一個國家，乃至一個民族之性格的基礎。我們對每件發生在我們周遭的事情，不可能樣樣都會記得，因此在形成自己記憶的過程中，總是會選擇對自己重要的、有價值的事件，而在腦海中留下記錄，不管這件事給我們帶來的是歡樂，或是痛苦。這個過程相信每個人都有經驗，也非常清楚。就在這樣一種不斷進行的記憶累積中，完成了我們自己的價值觀，以及對這個世界的基本看法。

同樣的道理，一個家庭，一個彼此有密切關係的社會，乃至一個城市，一個國家，一個民族，也都是在同樣的過程中，把彼此凝聚成了一個共同體。而這個過程，其實就是歷史；這也就是說，沒有一個共同的歷史，一種共同的歷史感，我們彼此之間講不出共同的故事，那麼我們就不可能形成一個共同體，其他的群體也將不可能把我們當成一個共同體的成員來認識我們。這點也就說明了歷史的重要性。

這也就是爲什麼古人說「欲亡人國者，先亡其史」的道理。若想要消滅一個國家、民族，不意味著要把這個國家的每個人都消滅掉，只要將其歷史消滅，讓這個國家、民族的每個人不再記得他是如何而來，當人們的記憶遭全部被換掉爲另一個新的歷史記憶時，就成爲另一個國家或民族的一分子了。

世界上有這樣的例子嗎？其實這種例子並不罕見，比如說古埃及在被亞歷山大征服後，古老埃及的記憶就被逐漸刨除了，古老埃及的故事只剩下了一些死亡的記憶，被靜靜地埋藏在金字塔中，在夕陽的餘暉裡，歸於大地與塵土。今天我們也許會講起埃及艷后克里奧佩特拉的故事，但這個埃及艷后，跟法老王其實是沒有關係的，法老王跟現在那塊土地上的埃及人，彷彿也是兩個世界的人物，這就是歷史被毀棄掉的結果。

各位知道嗎？今天在台灣這塊土地上，正有一群人在處心積慮地做著這樣的事，他們試圖抽換掉屬於我們這塊土地上每個人的共同故事，把它換成另外的故事脈絡。所有的統計數字都告訴我們，台灣有百分之九十八的人的祖先是來自大陸的漢民族，這比率高過世界上任何一個中國人的社會，包括中國大陸。不管台灣近百年的歷史發生過多少曲折，台灣社會的基本組成分子，就是這樣一種結構，這是不容否認的事實。可是今天台灣各級學校的歷史教科書，卻要徹底抹掉這一事實，要把我們大多數人的民族歷史從根拔起，這是件多麼可怕的事。如果說我們多數人的歷史認知，主要來源是正規教育中的歷史教科書的話，那麼台灣今天所謂的歷史教育，究竟想要達成什麼目標呢？

政治是不可如此粗暴！如果某些政治的圖謀，居然是要以抹卻我們對祖先的記憶爲代價，這是絕對不能容忍的事。我們要知道，在任何一個國家的「本國史」教育中，所謂的「本國」都不會僅止於是政治上的本國而已，還包括了這個政治上的本國所承繼的以前的歷史，這特別對我們國家更是如此。

作爲延續清朝的中華民國誕生於一九一一年的武昌起義，但整個中華民族卻是誕生於幾千年前，或者更早。中華民族作爲目前世界上最古老而且始終延續著的民族，這是我們的驕傲，也是我們每一個中華兒女有義務去繼承與承擔的。截至目前爲止，我們的國家依然是中華民國，一個在法統上、憲法上仍然承繼著全中國，以及全中華民族的中國；然則究竟是誰，居然魯莽滅裂地把中華民國的本國史偷天換日地變成了台灣史，還把原來多少還保存一點的中國史也給消滅了，改成東亞史了呢？

這些年來，孫文學校的一些朋友在歷史與文化教育問題上努力發聲，曾編印出版過高中歷史教科書，舉辦多場研討會、座談會，在各地演講，也曾拍攝《百年中國：迷悟之間》六集紀錄片（Youtube上可閱），爲的就是捍衛國史，盡中華民族一分子應有的心意。

孫文學校沒有公權力，我們改變不了政府的課綱，但我們強烈認爲中華民國的本國史不可廢，每一位中華民國的國民也都必須要知道本國史，需要知道一個從堯舜禹湯一脈而下的，屬於中華民族的本國史，因此我們只能以民間的力量，來維繫這一條歷史的命脈，這就是我們之所以要出版這兩冊本國史讀本的緣由。我們的力量雖然微薄，但心願卻是宏大的，也希望這樣一種心願，能夠爲台灣今天政治的許多倒行逆施，存留一點天地的正氣。中華民族的歷史已經綿亙了幾千年，當然不會因爲一些跳樑小丑，就斷了他的慧命，不廢江河萬古流，這是我們的信心，也是做這件事的最大動力。

這兩本《本國史基本讀本》，乃是根據以前教育部的「部編本」重新編寫，在改寫時，也特別用簡潔精練的文字，以符合原有的文風。本書始自「中國遠古時代」，止於民國三十八年（一九四九年）的兩岸分治，後續有關台灣部分，孫文學校同時出版了一本《台灣史基本讀本》，相關的史事在該書中已有交代，而兩岸分治後在大陸發生的種種情事，或許與大陸有識之士共同合作撰寫，更為客觀及理想。

我們也想說的是，以前的「部編本」大約是目前三十五歲以上的朋友當年的教科書，如今在歷史課本已經被改得面目全非之後，讓當年的讀者重溫一下舊夢，讓不曾接受過這樣教科書洗禮的年輕朋友，瞭解一下你們父母親當年的教育內容，以及由之而形成的歷史記憶，應該也是一件很有意思的事情。聽說，現在有些高中生以懷舊的心情，到舊書攤上去買他們父母當年所讀的歷史課本，讀完之後，都感覺與父母親的認知距離更近了。現在我們就以最方便的方式，一起來重溫，也重新補習一次我們該有的共同歷史記憶吧！

教科書總是比較枯燥，大家讀歷史大概都會希望故事性可以比較大一點，這樣會比較有趣。的確，教科書不是故事書，再加上中華民族的歷史實在太悠久，要用簡短的篇幅讓大家很快速地走一遍，當然會是提綱挈領，十分簡要的。但也請各位讀者換一個心情，就當這只是一份有關中華民族歷史的導覽資料，也許就會讀來津津有味了。如果對任何一段歷史、一位人物感到興趣，現在電腦那麼方便，您一定很快就會搜尋到你期待或意外發現的精采故事，但無論如何，希望這兩本讀本能夠提供您按圖索驥的出發點，也讓您填補今天台灣歷史教育中的一點空白，填補上您作爲炎黃子孫的一些必要記憶，那就是我們最大的功德了。

本書的出版，承謝大寧教授及多位學術界好友協助甚多，特此致謝。

孫文學校總校長

張亞中 謹識

目錄

第十四章

宋遼夏金的興衰

第一節　宋的建國與統一

一、宋的建立

宋的創建者趙匡胤，涿郡（河北涿縣）人。後周世宗時，曾受命整編禁軍，極受軍中袍澤愛戴。世宗臨終，特命爲殿前都點檢[1]，令其掌管禁軍，因而掌握京師實權。

世宗病卒，幼主繼位，人心浮動。翌年（西元九六〇年），軍人鼓噪，發生陳橋驛（開封東北）兵變，禁軍將領擁趙匡胤爲帝，改國號宋，仍都汴京，是爲宋太祖。

宋太祖所以能輕易取得天下，一方面是他掌握禁軍大權，另一方面則是受晚唐以來軍人擁立風氣之賜[2]。

1 後周的禁軍又分殿前軍與侍衛親軍。殿前軍最為天子親信，素質、裝備均在侍衛親軍之上。其統帥為都點檢，地位最隆，權力亦最大。

2 五代中的後唐明宗李嗣源、廢帝李從珂，以及後周太祖等，都是部下擁立的。

二、基本國策

太祖即位之後，盱衡國內外情勢，由於南方諸國衰弱，無力與宋爲敵；北方遼雖強大，「睡王」穆宗在位，怠於政事，一時不致南侵；而宋內部兵將驕縱，隨時有兵變危機，故決定先安內再攘外。太祖的安內政策，是「強幹弱枝」，其辦法則由中央集權及文人政治兩方面進行。

中央集權方面，刻意推動「尊王」政策，努力把軍事和政治的權力集中在皇帝手中。軍事上先收掌禁軍兵權。利用酒宴機會，諷示禁軍將領石守信等人以散官退居閒職，史稱「杯酒釋兵權」。其次削弱藩鎭。收節度使財政權，改由諸路轉運使管理；禁節度使置牙軍，毀其基本武力。此外並改革兵制。選全國精壯充任禁兵，駐守京師，並輪番屯戍地方，俾集精銳於內，兵不爲將有。其他選餘的老弱，則僅供地方雜差。

政治上則削減相權。宋雖亦行三省制，但有名無實。平常以同中書門下平章事爲宰相，以參知政事爲副相，合議決事。宰相亦僅主文事，不能預聞軍事與財政。軍事別歸樞密使，與宰相並稱爲「二府」。財政則由戶部司、鹽鐵司及度支司掌管，歸三司使總轄，號爲「計相」。此外，諫官、御史可以不憑實證，任意彈劾執政而不受譴責，對相權有莫大的制衡作用。

文人政治方面，除興學校、闡儒學外，更禮遇讀書人：一、立不殺大臣及言事官的家法；二、大量以文官取代武官；三、廣開科場，錄用優秀士子；四、提高士人待遇，免除勞役，並享受審判上的特殊恩典。

宋代內亂極少，國家大患多來自邊疆，這與宋代實行文治，政治、社會較安定有關。

三、全國統一

宋的統一工作是配合安內政策而進行的，所採取的戰略是「先易後難」。宋太祖即位後，割據的國家仍有六國[3]，其中只有北方的北漢依遼為援，兵力較強，於是先對南方各國用兵。至弟太宗繼位，吳越去藩納地，南方軍事結束，乃全力對付北漢。太平興國四年（西元九七九年），太宗舉兵親征，先敗遼之援軍，再乘勝入太原，結束割據的局面，完成統一大業。

3指北漢、南平、後蜀、南漢、南唐與吳越六國。

宋以十七年（西元九六三－九七九年）的時間統一中國，中間並未遭遇重大抵抗，情況可謂順利。究其原因，大致有三：一、宋初割據的國家，多已傳位兩、三代以上，暮氣漸深，彼此之間，只求和平相處，不注意武力；二、宋建都汴京，備受北方契丹的威脅，不能不備精兵，實力遠較南方各國為強；三、宋對降臣及被征服者，都能予以保全，並加優待，不但消除了不順服之意，而且還收效忠之益。

統一後的宋代疆域，北至今河北省中部及山西省北部，與遼接境；西至甘肅東部，與夏及吐蕃為鄰；西南則阻於雲南，與大理相拒。故宋初之疆域，主要在今華北、華中、華南地方，遠較漢、唐為小。

【研究與討論】

一、你對宋代的基本國策有何看法？
二、宋代統一全國的策略及步驟各為何？
三、試將宋之疆域與漢、唐做一比較。

第二節 宋與遼、夏的關係

一、遼、夏的興起

遼本稱契丹，屬東胡族，原居遼河上游（熱河北部）。安史之亂後，中國北部大批難民前往避難，勢力始漸大。唐末後梁之間，耶律阿保機利用回紇王國崩潰，北方沒有支配勢力之際，乘機崛起。初為八部大人，邀集漢士協助規劃，模仿漢人文物制度，勢力因而大增，遂打破傳統的部族聯合體制，集權統一契丹各部稱帝（西元九一六年），定都臨潢（熱河林西），是為遼太祖。太祖為人有勇略，在位期間，又西取突厥故地，東滅渤海國[4]，擴地數千里，擁兵三十萬，成為當時東亞第一強國；後唐莊宗至以叔父之禮事之。

4在今吉林、安東一帶，原稱震國，唐開元初，受封為渤海郡王，臣屬於唐。

德光繼位，是爲太宗，爲人機巧，不但助石敬瑭建後晉，取得燕雲十六州，甚至還滅後晉，想做中國皇帝；雖因漢人反抗不果，但中國北邊的國防線卻因此洞開，影響中國此後的安危至巨。再傳至景宗，正值趙宋統一中國，南北兩個大國，積不相容，衝突因而產生。

夏是党項羌所建的國家，因位於宋的西北，故亦稱西夏。唐末，賜姓李，常臣屬於中國。宋太宗攻北漢，曾得其幫助。後爲籠絡，賜姓趙。惟國君的族弟繼遷不服，依遼爲亂，自是，宋、夏多事。

二、宋遼和戰

宋太祖開國，著重保境安民，不想生事，宋遼間二十年沒有嚴重衝突。至太宗消滅北漢，統一中國，想乘勝收復燕、雲失地，乃對遼發動戰爭，較重要的有兩次：

一、高粱河之役：太平興國四年（西元九七九年），太宗親率大軍北征。遼景宗命將接戰，兩軍會戰於今北平西郊的高粱河。宋軍失敗，太宗爲流矢所傷，僅以身免。

二、岐溝關之役：遼景宗去世，幼主聖宗繼位，由蕭太后臨朝親政。太宗雍熙三年（西元九八六年），宋以遼女主當政，有隙可乘，於是命將北征，結果又敗於涿州（河北涿縣）西南的岐溝關，死傷甚重。從此，宋爲遼人所輕，不敢北伐。

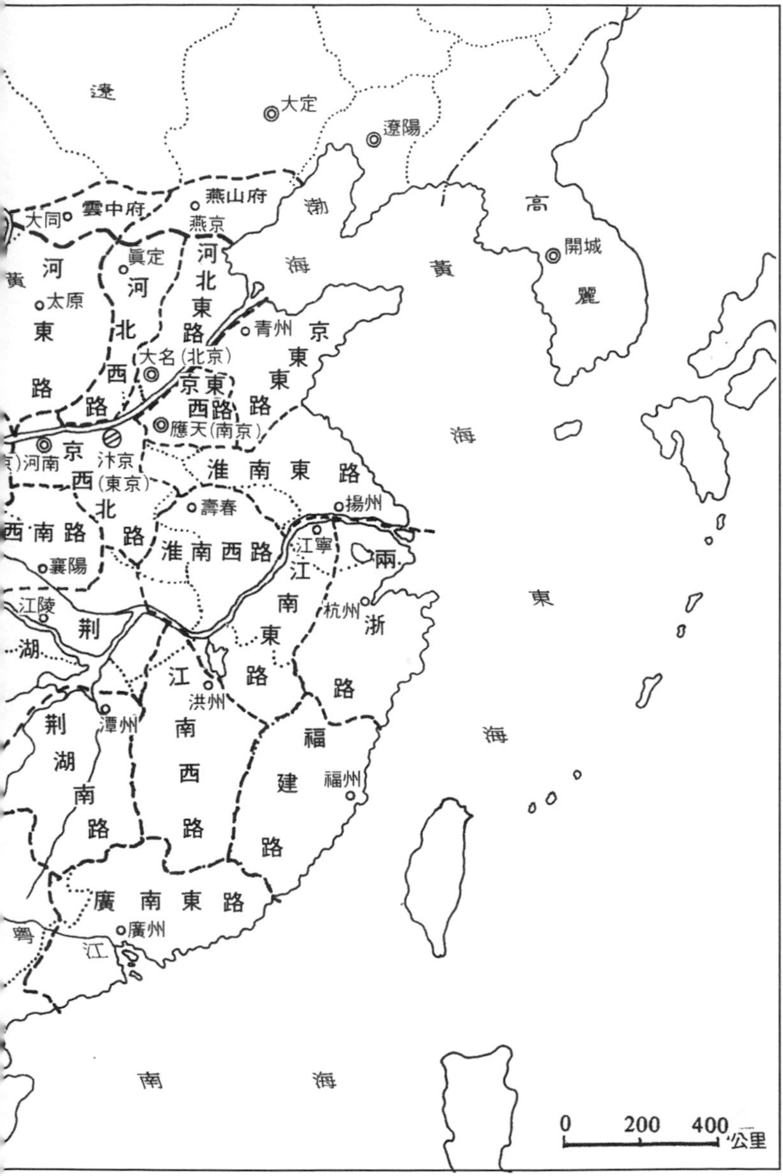

遼
大定
遼陽
雲中府
大同
燕山府
燕京
渤海
高麗
開城
黃海
河東路
真定
太原
河北西路
河北東路
青州
大名（北京）
京東東路
京東西路
應天（南京）
河南
汴京（東京）
京西北路
西南路
淮南東路
揚州
壽春
淮南西路
江寧
兩浙路
杭州
江南東路
襄陽
江陵
荊湖
洪州
江南西路
潭州
荊湖南路
福建路
福州
東海
廣南東路
廣州
粵
江
南海
0 200 400 公里

北宋疆域圖

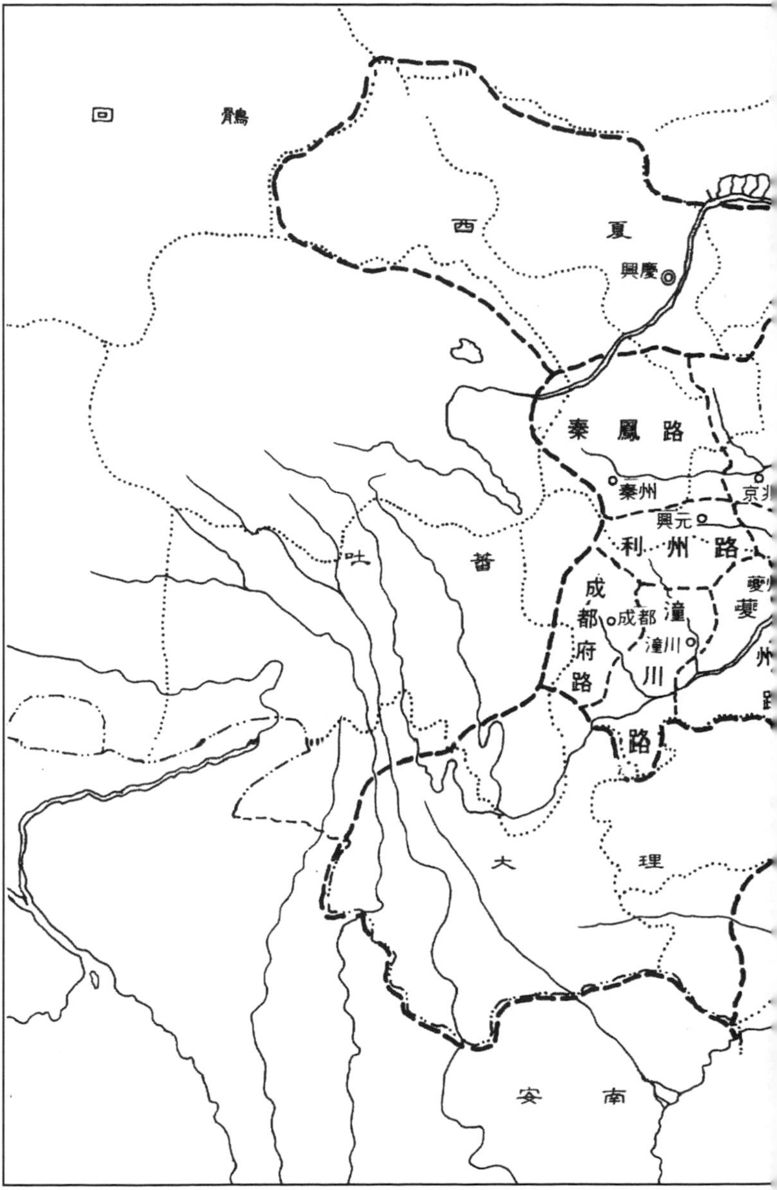
回
鶻
西
夏
興慶
秦鳳路
秦州
京兆
興元
利州路
吐
番
成都府路
成都
潼川
潼川路
夔
夔州路
大
理
安
南

宋既在武力上無法制遼，而遼在蕭太后的主政下，選賢任能，勸課農桑，頗得漢民擁戴，國勢達於極盛，於是謀宋益急。宋眞宗景德元年（西元一〇〇四年），遼兵大舉南侵，直抵澶淵（河北濮陽西南）[5]，距首都汴京僅三百里，朝廷震動，紛議遷都求和。惟宰相寇準力主親征。眞宗一到前線，宋軍士氣大振，擊潰遼軍前鋒。雙方因都有和平的意願，乃遣使議和，訂立澶淵之盟。宋歲輸銀十萬兩、絹二十萬疋，約爲兄（宋）弟（遼）之國，兩國以白溝河（河北拒馬河）爲界。是爲我國拋開傳統的大中華意識，與周邊部族國家建立對等關係之首見。

澶淵之盟以後，一百多年間，沒有軍事衝突，對彼此間貿易的恆常發展，有莫大的助益。但遼屢次向宋要索邊地，爲宋人所怨恨，每尋機會報復，終有徽宗聯金滅遼之舉。

5 澶淵為郡稱，是澶洲的習稱。一如應天府又稱河南郡、濟洲又名濟南郡，這是宋人的習慣。當然也有不兼具郡稱的州，如雄州。參見第十六章第一節注。

三、宋夏和戰

西夏叛宋依遼，寇掠不息，宋採綏撫政策，收效不宏。至宋仁宗時，趙元昊即位，邊釁益甚。

趙元昊雄毅有略，國勢大盛，據有今寧夏、陝西、甘肅等省的大部，定都興慶（寧夏銀川市），稱大夏皇帝（西元一〇三八年）。自是，連年入寇，宋軍屢敗，賴韓琦、范仲淹力籌戰守，防禦始固。惟趙元昊傷亡消耗亦大，境內又發

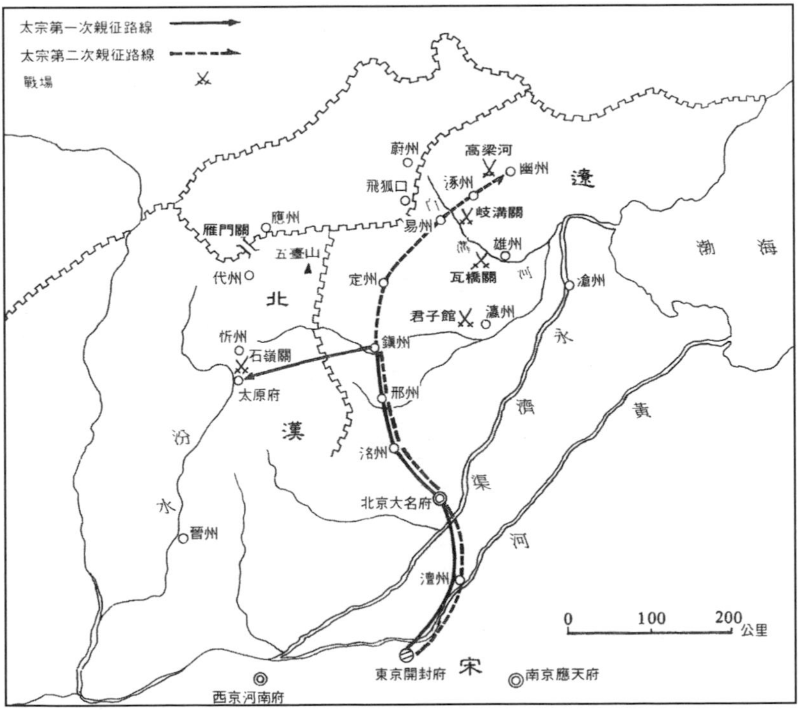

太宗北征國

生饑荒，國力衰減，貪於宋的歲幣，而與宋言和（西元一〇四四年）。

宋神宗時，夏有內亂，宋欲一舉滅之，因發動大軍，五路進討。夏則以騎兵抄絕糧道，並決河灌營。結果宋軍大潰，西疆軍儲喪失殆盡，從此無力對夏，但夏亦因此困敝。至南宋時代，夏爲金所隔，與宋殊少往來；及蒙古崛起，始爲所滅。

北宋時代，夏所以能夠爲患西陲，與下列因素有關：一、地勢優越。北控砂磧，西食河西，據地懸遠，宋兵不易到達。二、結遼爲援。遼夏兩國，始終聯姻通好，互爲利用，使宋無法全力對夏。

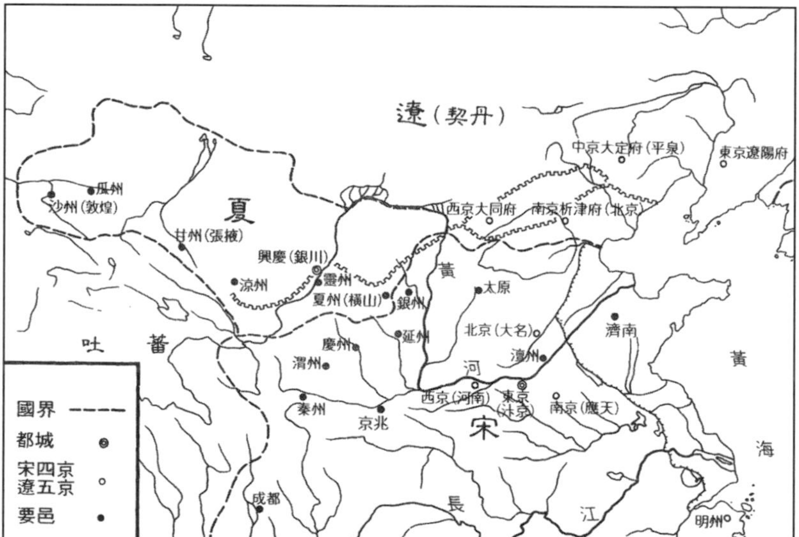

宋遼夏形勢圖

四、遼、夏的漢化

遼的強大，得力於耶律阿保機的發憤圖強，以及漢士的協助。漢士之中，又以韓延徽的貢獻最多。韓延徽為之制法度，營都邑，通商賈，造文字，譯儒書，樹立建國規模。其後，遼愈慕中原文物，規模組織更為完備。不過，從遼的政治分治、文字創造，知遼對中國文化是有所警惕的，時想保住國粹，以免流於文弱。事實上，這種意識在西夏、金、元、清各代，都一樣地存在。

夏人接受漢化的能力，不下於遼人。由於唐代以來，世受中國法制影響，所以他們的法律，多仿自中國。元昊並用漢士改官制，立學校，製文字，譯儒書。趙元昊本人且通漢文典籍。以後的皇帝也多能興學養賢，遵行漢禮，並屢次向宋請索九經、《孟子》等書。

【研究與討論】

一、何謂澶淵之盟？

二、遼、夏都與宋為敵，而夏禍尤烈，其因何在？

第三節　宋的變法與黨爭

一、變法的背景

北宋變法的倡導，起於士大夫對於國勢積弱的不滿。宋自建國以後，對外用兵，屢次失敗，僅以納幣等屈辱條件，得維持苟安的局面；對內則困於財政上的嚴重短絀，入不敷出。這種積弱的現象，蓋由於軍、政措施失當所造成。

一、軍備不修：宋依兵立國，兵制來自招募，又未施以嚴格的訓練，以致缺乏戰鬥能力。但邊事吃重，又極須武力，只好再增兵額，結果是竭天下之財，養無用之兵，兵愈多而國勢愈弱。

二、財用不足：宋代優寵士人，長期以來，冗官充斥，必須支付大量官俸；再加上龐大軍費及巨額輸出遼夏歲幣，遂至財竭民困。

宋代既優禮文人，因而有識之士大夫責任感亦重。范仲淹「先天下之憂而憂，後天下之樂而樂」的號召，即表露了士大夫的憂患意識。變法的要求，便在這種情況下產生。

二、新法的推展

宋代新法的提出，一次在仁宗慶曆年間（西元一〇四一－一〇四八年），主其事者為范仲淹；另一次在神宗熙寧年間（西元一〇六八－一〇七七年），主其事者為王安石。范仲淹（西元九八九－一〇五二年）曾提出十項改革計畫，包括澄清吏治、富民強兵、嚴行法治三大類，但因積習已成，反對者衆，未能實行。

王安石（西元一〇二一－一〇八六年）為變法運動中後起的急進派。仁宗時，即曾先後兩次上書，力請改革，以合時變，但未被接納。神宗即位，決心湔雪以往對外不競之恥，始予重用。王安石先後在職七年，這是他得君行道的時期，也是宋代政治最富生氣的時期。

王安石的變法，以富國與強兵為目的。新法的內容包括三大部分：

㈠理財方面

設「制置三司條例司」，直屬皇帝，作為財政規劃、審議的機構。然後推行「青苗法」，低利貸款於民，以便利農作，避免富豪剝削；「市易法」，賤買貴賣，並許人民抵押賒貸，以平抑物價；「免役法」，改差役為雇役，由人民輸錢，官府雇人，解除勞役的痛苦；「均輸法」，將地方上供及京師所需物資，酌依地方實際情況，便（音遍）宜蓄賣，以通有無，並省勞費；「方田均稅法」，劃分土地等級，以定稅則，平均負擔；「農田水利法」：鼓勵墾荒，興修水利，費用由當地住戶按貧富等級高下出資興修水利，也可向州縣政府貸款。

(二)整軍方面

「裁兵置將」，裁汰疲弱之兵，於各路分治鎮將，授以專權，使兵將相習；行「保甲法」，強化保甲組織，並規定戶有兩丁以上者出一人當兵，平時備盜，有事徵發，以實行兵民合一的兵制；行「保馬法」，令鄰近遼、夏諸路人民飼養官馬，以備禦敵國的騎兵；設制軍器監，招募良工為匠師，監造並改良武器，以加強戰鬥能力。

(三)育才方面

更改「貢舉法」，廢明經，存進士，改試經義策論；又設明法一科，試律令刑統大義。立「太學三舍法」，將太學生分爲外舍、內舍、上舍三等，以次轉升，上舍成績優異者，由政府授以官職；並增加太學生員額，令州縣皆設學校。其目的欲漸次以學校教育取代貢舉。

三、新法的失敗

王安石的新法，切中時弊，規制堪稱宏遠。但因爲下列因素而歸於失敗：一、傳統的官僚體制，缺乏經濟組織與法律，妨礙新法的推行[6]；二、重立法輕人事，爲貪官污吏所乘，破壞良法美意；三、重開源輕節流，流於逐利，爲保守分子所反對；四、王安石爲人執拗，剛愎自用，難見容於朝中群賢。

結果王安石在群小的包圍及社會輿論的攻擊下，離職引退，最後寄居江寧，以簡樸的平民生活失意而終。

6以市易法為例，大多數商人不敢和政府做生意，即因為難於聯繫與缺乏保障。這對王安石欲藉商業突破小農經濟，以達於「富國強兵」的目的，無疑是不利的。這種官僚體制，迄明、清未有根本的改變，影響資本主義的產生。

四、黨爭誤國

北宋變法因積弱而發生，黨爭卻因變法而加劇，最後影響到北宋的衰亡。北宋黨爭的起因，與士大夫的褊急性格有關。宋代士大夫凡事好為議論，力爭到底，彼此結怨；而台諫[7]權力過大，往往濫用，流於恣意攻擊，也常造成諫官與執政的對立。亦與南北經濟文化的逆轉有關。南方的躍進，養成了南人開新與激進的氣概，和北人傳統與穩健的習性多有不合，彼此詆斥。大致新黨多南人，反對派多北人。

北宋朝臣間的論爭，由來已久，惟皆不關國家大計，無足輕重。至神宗時代，王安石變法以後，黨爭方才趨於激烈。當時一批標榜德治的保守分子如司馬光、歐陽修等，反對新法，不肯合作；迫使王安石不得不別尋支持者，引用呂惠卿、章惇（音敦）等新人，因而形成舊黨與新黨兩個陣營，互相攻訐。由於舊黨人士多遭貶謫，或被迫引去，政局愈陷不安；加以新法因用人不當，推行時頗為擾民，民間怨聲四起，王安石只好去

7侍御史、殿中侍御史與監察御史通稱為台官，另有諫議大夫、拾遺、補闕、正語通稱諫官，兩者職責往往相混，合稱台諫。

職；呂惠卿等繼續執政，彼等藉新法行私慾，政治因此更壞。

其後，爭鬥益烈，新舊黨之間，往往以報復為事，彼此勢力互有消長。至徽宗親政，重用新黨蔡京，局勢遂不可為。蔡京為固權位，一意排斥舊黨，立碑禁錮；進而與宦官童貫朋比為奸，聚斂為務，政治大壞，變亂蜂起，浙江以北沿海各地，盡陷賊區。在此情形之下，反外開邊釁，招致金人南侵，卒致京師不守，華北淪亡。

【研究與討論】

一、敘述宋代變法的背景。
二、列舉王安石變法的內容要點。
三、研究王安石變法失敗的原因，並討論為政之道。
四、比較唐、宋黨爭的異同。

第四節　與金的關係

一、金的勃興

金爲生女眞族所建立的國家。在遼國強盛的期間，女眞分爲二部，一部駐在松花江以南的地區，曾被遼國編入戶籍，遼化較深，號爲熟女眞；一部分散居在松花江以北的地區，不隸遼籍，遼化不深，號生女眞。

生女眞部落散立，以完顏部最強。宋徽宗時，完顏阿骨打統一女眞各部，勢力漸強。因不堪遼的貪縱勒索，乃利用遼天祚帝昏庸荒淫之際，乘機叛遼。宋徽宗政和五年（西元一一一五年），阿骨打稱帝，建國號金，以會寧（松江阿城南）爲首都，是爲金太祖。

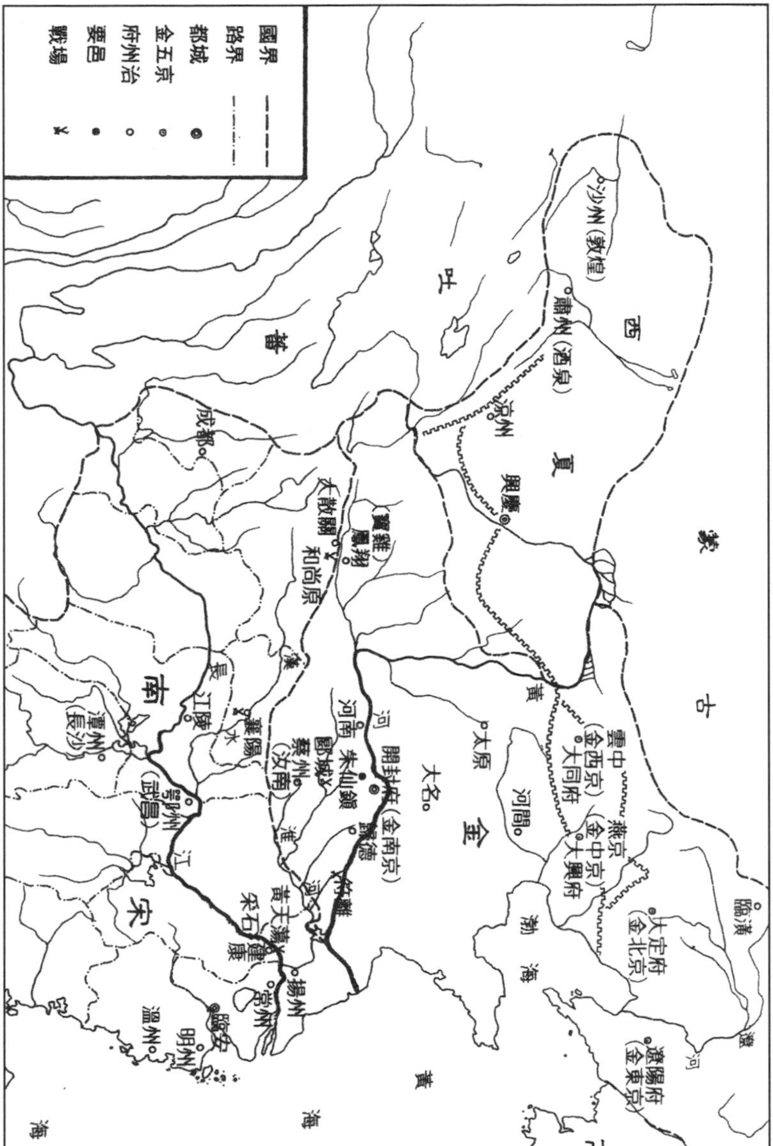
國界
路界
都城
金五京
府州治
要邑
戰場
沙州(敦煌)
肅州(酒泉)
涼州
興慶
西
夏
蒙
古
吐
蕃
成都
大散關
寶雞
鳳翔
和尚原
雲中(金西京)大同府
燕京(金中京)大興府
大定府(金北京)
臨潢
遼陽府(金東京)
遼河
太原
大名
河間
金
開封府(金南京)
朱仙鎮
郾城
蔡州(汝南)
河南
黃河
長江
漢水
淮
黃天蕩
采石
建康
揚州
常州
臨安
明州
溫州
鄂州(武昌)
潭州(長沙)
江陵
襄陽
南
宋
渤海
黃海
東海
高麗

宋金對峙圖

二、宋金聯盟滅遼

金太祖稱帝後，屢敗遼師，聲勢驟大。宋相蔡京以金可用，約其攻遼。約定事成之後，宋以輸遼之歲幣輸金，金則以燕雲十六州還宋。

訂盟後，金先期出兵，連戰皆捷，而宋軍則一再失利，大失軍實。事後宋請如約，金則以宋參戰不利要索。宋無奈，只能以巨款贖回燕京及附近六州之地。

宣和七年（金太宗天會三年，西元一一二五年），遼天祚帝為金人所俘，遼亡，享國兩百一十年（西元九一六—一一二五年）[8]。

三、靖康之難

宋金聯攻遼國之役，啓金輕宋之心。宋、金妥協後不及兩月，金即以宋納金邊將為藉口，大舉侵宋，直驅汴京。徽宗於倉皇中下罪己詔，讓位於欽宗。

8 遼末，屢敗於金，其宗室耶律大石率領部分遼人西走中亞，在撒馬爾罕一帶建國，仍稱遼國，史稱西遼（西元一一二五—一二〇一年），為西域大國。

欽宗靖康元年（西元一一二六年），金軍渡河圍汴京，欽宗起用兵部侍郎李綱為將固守，並貶蔡京，殺童貫，以收攬人心。但朝廷上下，率多因循畏怯，城遂不守。靖康二年，金既破汴京，盡擄徽宗、欽宗及宗親、大臣等三千餘人北去，汴京文物、府庫為之一空，是為「靖康之難」，北宋滅亡，享國一百六十八年（西元九六〇－一一二七年）。

四、宋室南渡

金旋以張邦昌為「楚」帝，令治黃河以南諸地，蓋知統治中原非易，意在以漢制漢。但張邦昌無此能力，宋人尤多不服，故金兵退去後，張邦昌即自去偽號。康王趙構即位於南京（河南商邱），是為高宗。張邦昌仰藥自殺，為帝僅三十三日。

高宗初即位，復用主戰者李綱為相，規劃戰守；命宗澤留守汴京，扼守金人南下咽喉；又有韓世忠、岳飛等名將力戰，以及北方義軍的擁戴，聲勢頗振。奈高宗懦弱，聽信主和者言，一味避敵，朝綱廢弛。金因又發兵南侵，高宗奔走江南，金兵直逼明州（浙江鄞縣東），飽掠而去。

金兵回師後，續行以漢制漢政策，立劉豫為「齊」帝，初都大名，繼徙汴京，為金守河南、陝西之地。宋高宗驚魂稍定，遂於紹興八年（西元一一三八年）正式定都臨安（杭州），偏安局面於焉形成。

宋於金兵強大攻勢下得轉危為安，立國江左，究其原因有二：一、宋堅守長江各地，金兵力量不足滅宋；二、偽齊的出現，減少宋、金間的直接衝突，有利於南宋初年的休息。

五、南宋與金的和戰

金熙宗在位，初採和議政策，後因主戰派得勢，戰事再起。宋兵所在告捷，尤其岳飛一軍，最為精猛，郾城（河南郾城）一役，大敗兀朮（完顏宗弼），兩河豪傑聞風響應，自燕京以南，金之號令不行，給金人莫大打擊，和議乃復起。

宋高宗急欲求和，又懼諸將功高難制；秦檜為人陰險，心知其意，刻意迎合，排斥異己。由於岳飛才能聲譽為諸將之冠，而又力主恢復失土，秦檜遂強令岳飛班師，害死於獄中。韓世忠為之憤恨不平，隨後亦罷官離去，和議遂成。紹興十一年（西元一一四一年），訂約如下：一、宋對金稱臣；二、宋對金每年貢銀二十五萬兩、絹二十五萬疋；三、東以淮水，西以大散關（陝西寶雞南）為界，史稱「紹興和議」，宋淪為金的屬國。是後，雙方維持了二十年的和平。其間秦檜繼續弄權達十五年之久，忠臣良將多遭迫害，國運益衰。

二十年後，兩國之間續有戰爭，大體是宋居於劣勢。宋高宗末，金主海陵王的南侵，雖為虞允文先後敗於采石（在安徽當塗西北）和京口；但宋孝宗和宋寧宗的北伐，卻都潰敗而歸。

宋軍兩次失敗，均賴簽訂巨額歲幣的條約而得維和局。但大量的歲幣，加添在本已沉重的官俸、軍費之上，更損宋的國力；金方面，亦因蒙古的崛起，備受威脅，而益趨衰微。

六、金的漢化

金太祖初建國，用漢人楊朴之策，並仿契丹文字及中國楷書創制女真文字。金太宗復採左丞相韓企先意見，參用漢法改革禮法制度。至熙宗和海陵王時代，金人漢化更深。熙宗曾大批移徙族人至中原與漢人雜居，有助於種族融合；海陵王則因酷好中原文物，而將都城南遷內地[9]。此時，漢法中的尊孔、設學校、建立考試制度等措施，均已成爲金治國的準繩。

世宗在海陵王被殺後繼位，迫於保守派的壓力，努力限制漢化，大力推動女眞文化；但本人頗喜儒術史書，曾令人譯爲女眞文字，頒行全國。傳至章宗，表面上繼承世宗政策，惟本人精於中國學問，並起用大批漢士，廢除婚禁，更以中原正統自居。一般而言，金人漢化程度遠超過遼人，但也因此而使金人喪失了尙武精神，生活日趨腐化，終而敗給了蒙古人。

【研究與討論】

一、研討宋連金滅遼的得失。
二、探討南宋初期得在江南立國的因素。
三、略述金的漢化情形。
四、試就岳飛所以為忠、秦檜所以為奸，自由發表意見。

9 先遷燕京，再遷汴京。海陵王死後，金又都燕京。

第十五章

蒙古的崛起與元的興衰

第一節　蒙古的崛起

一、成吉思汗的興起

蒙古部族原居於今黑龍江上游、蒙古東部。南宋前期，部落散立，大多臣服於金。宋高宗時，據今肯特山的乞顏部勢力漸大，叛金。後該部酋長也速該爲人毒殺，部族因之離散。及也速該子鐵木眞年長，機警英勇，糾合部衆，擊破諸部，勢力強盛，受推戴爲成吉思汗（西元一二〇六年，意爲宇宙的皇帝），即元太祖。

二、經略東亞

蒙古於成吉思汗興起後，即積極向外發展勢力，在兼併塞北諸游牧部族後，又攻略南方及東方的城郭國家：

㈠亡夏

夏近蒙古，首當其衝。成吉思汗即位後第四年，夏被迫投降。蒙古西征，向夏徵兵被拒，成吉思汗甚恨。西征東歸，再度攻夏，滅之（西元一二二七年）。惟成吉思汗亦於攻夏期間病死。

㈡滅金

成吉思汗曾對金陸續發動幾次攻擊，金受逼，徙都汴京，退守河南，情勢危殆。尋因成吉思汗臨時移師西征，金始得保全。

成吉思汗死後，窩闊台繼爲大汗，南侵與西征並進。由窩闊台汗親率大軍攻金，採成吉思汗「假道於宋」的東進遺策，自寶雞渡渭水，強行假道宋境，沿漢水而下，出豫（河南）、鄂（湖北）之交北進，直逼汴京，金哀宗出奔蔡州（河南汝南）。這時，蒙古已與宋成立同盟，雙方合攻蔡州，宋軍先登，金哀宗自縊，金亡，享國一百二十年（西元一一一五—一二三四年）。

㈢侵宋

宋會蒙古滅金後，重蹈聯金滅遼的覆轍，雙方又形成直接對抗的態勢。所幸蒙古軍僅是偏師，而孟珙復力守襄陽，大興屯田；余玠在四川建築城堡，集兵聚糧，長江上游，形式穩固，蒙人始難於得逞。這是蒙古侵宋的第一期。

蒙哥汗時代，侵宋態度轉趨積極，一度分道攻宋。蒙哥汗親率大軍由陝西進入四川包圍合州（四川合川）；兀良哈台自交阯回師攻潭州（湖南長沙）；忽必烈亦自河南南下進攻鄂州（湖北武昌）。一時，南宋有被切斷為東西兩部之勢。會蒙哥汗戰死（西元一二五九年），忽必烈急欲北歸，才使戰事暫時中止。這是蒙古侵宋的第二期。

㈣定大理、吐蕃與交阯

大理在宋代很少與中國往來。蒙哥汗時代，為配合侵宋行動，派忽必烈滅之（西元一二五三年）。吐蕃自唐末以來，勢力很弱，此時並為忽必烈所定，成為藩屬。越南北部的交阯，也為兀良哈台所破。

(五)征高麗

高麗於五代、宋以來，臣服於遼、金，與中國較少關係。及蒙古興起，經數次征伐，始於蒙哥汗末年遣世子歸服蒙古。

三、三次西征

蒙古西征，先後三次，拓地至廣：

(一)成吉思汗西征

當成吉思汗平定大漠南北之後，疆域迅速擴張，而與回鶻人所建的花剌子模帝國（中亞最大的國家）接壤。成吉思汗初望與花國和好通商，不意花國竟殺害蒙古商人及使者，成吉思汗因親率大軍往討，花國不敵而亡（西元一二二〇年）。

另一支蒙古軍乘勝又掠裏海以西，北越太和嶺（高加索山），破欽察等部，大敗阿羅思（俄羅斯）聯軍，至黑海北岸而還。這是蒙古第一次西征（西元一二一八－一二二三年）。

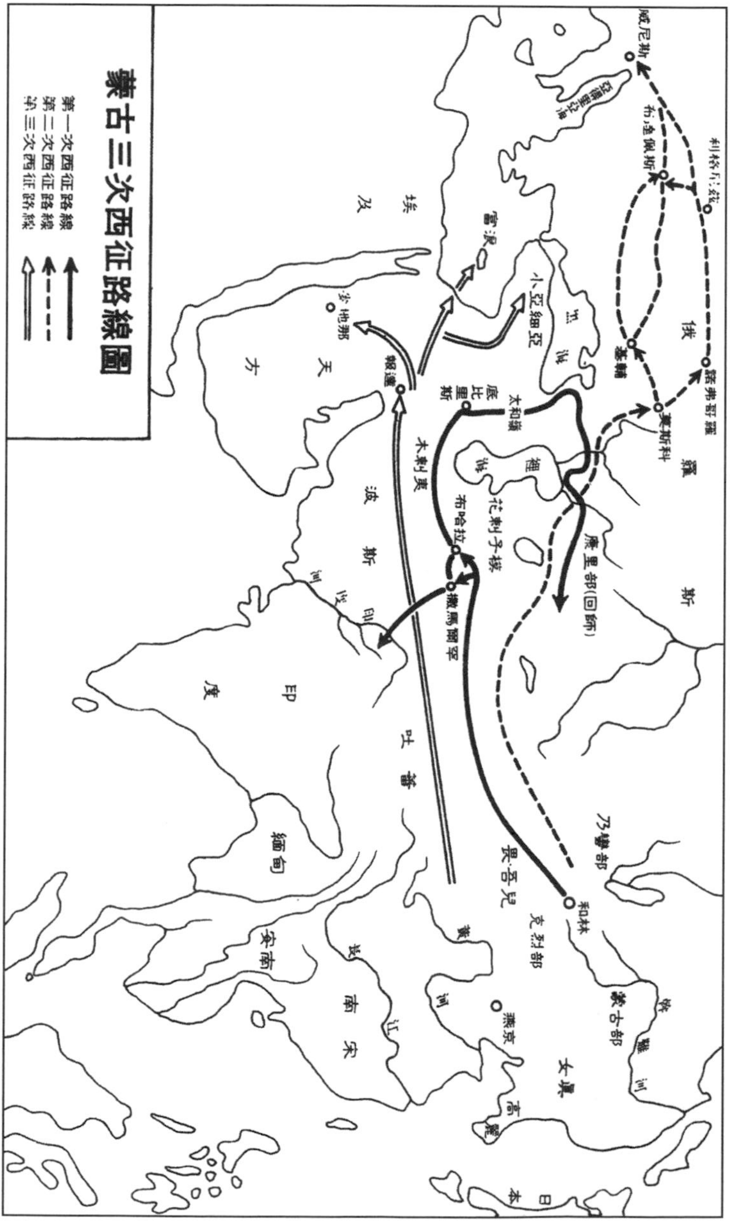
蒙古三次西征路線圖
第一次西征路線
第二次西征路線
第三次西征路線
威尼斯
亞德里亞海
布達佩斯
利格尼茲
埃及
富浪
小亞細亞
黑海
基輔
諾弗哥羅
莫斯科
俄羅斯
太和嶺
底比里斯
報達
密地那
天方
裏海
花剌子模
布哈拉
木剌夷
波斯
撒馬爾罕
康里部（回師）
印度河
印度
吐蕃
緬甸
乃蠻部
畏吾兒
和林
克烈部
黃河
燕京
蒙古部
女真
高麗
日本
長江
南宋
安南
斡難河

蒙古三次西征路線圖

㈡拔都西征

窩闊台汗在滅金之後，又以拔都爲元帥，大舉西征。他越過烏拉山，經俄國中部，攻占莫斯科；然後分軍二路，攻入東歐：一向孛烈兒（波蘭），大破捏迷思（日耳曼）聯軍於柏林東南；一向馬札兒（匈牙利），直抵亞得里亞海東岸，全歐震恐。適窩闊台汗死訊傳至，始班師東歸。回到南俄之後，建立欽察汗國。這是蒙古的第二次西征（西元一二三五—一二四一年）。

㈢旭烈兀西征

蒙哥汗在位時，續謀對外發展，亦派旭烈兀西征。旭烈兀首先平定裏海之南的回教國家木剌夷（伊朗），再移師西進，直抵敘利亞。及蒙哥汗死訊至，始退兵。旭烈兀乃合波斯及西亞之地，建立伊兒汗國。這是蒙古第三次西征（西元一二五二—一二六〇年）。

四、西方四汗國

成吉思汗曾將所得的土地分封給子弟。依照蒙古幼子守灶的傳統，將蒙古本土分給四子托雷，再把東蒙地方分授給諸弟；把西方新土分成三部，授給前三子。於是在西方就有三個汗國，加上後來建立的伊兒汗國，共有四個：

㈠欽察汗國

封給長子朮赤。擴充後，包括俄羅斯和烏克蘭的大部及波蘭的東南部。至十五世紀末，爲俄人所推翻。

㈡察合台汗國

封給次子察合台。擴張後，包括今新疆大部、中亞南部、阿富汗及印度北部。後分裂爲二，以葱嶺分東西。西部於十四世紀中葉爲其臣下帖木兒所亡；東部的政權於明末爲回教的「和卓」[1]所奪。

1參見第十八章第三節「回疆的平定」一項。

㈢窩闊台汗國

封給三子窩闊台。約包括今阿爾泰山一帶及新疆北部一部分。窩闊台即汗位後，子孫世守其地。西元十四世紀初，併於察合台汗國。

㈣伊兒汗國

為旭烈兀所建。包括波斯及地中海以東之地，對元朝最忠實。至十四世紀末，亦為帖木兒所滅。

【研究與討論】

一、蒙古在侵略宋朝的前兩期，遭受到什麼困難？

二、繪一張蒙古西征圖。

第二節　元的興衰

一、元的建立

忽必烈夙有大志，於蒙哥汗初年，總制漠南漢地，留心中國之事。蒙哥汗卒，他正率兵攻宋之鄂州。為參加選汗大會，始匆忙接受宋相賈似道乞和，撤軍北返。時聞蒙古本位主義派諸親王，謀尊乃弟阿里不哥為汗，他心有不甘，便於宋理宗景定元年（西元一二六〇年），在開平（察哈爾多倫）自即帝位，是為元世祖。嗣後阿里不哥雖釋兵來朝，但蒙古本位主義派仍與世祖不合，世祖乃將首都遷移燕京，易稱大都，蒙古政治中心因之南移。至元八年（西元一二七一年），採易經「乾元」之義，定國號為大元；並積極滅宋，擁有全部內地，成為中國的正統王朝。

二、南宋滅亡

世祖初立，遣使至宋，要求依約給歲幣。宋相賈似道因曾隱其鄂州乞和之事，以大捷上聞，恐洩漏實情，拘囚蒙古使者，釁端復起。世祖揮軍南下，而掀起第三期侵宋戰爭。

南宋政治，自高宗以後，除孝宗朝外，長期操在權相之手，植黨營私，為害至大。尤其到度宗時代，賈似道當政，專權貪慾，排斥異己，人心離異，國勢益衰。

襄陽為長江上游重鎮，是蒙古攻奪的第一個目標。宋將呂文煥堅守，僵持六年。終以賈似道蒙蔽軍情，不遣兵救援，呂文煥兵敗降元，宋因而失去北方屏障。宋恭帝立，元派伯顏統軍南下，攻陷臨安，恭帝被俘。

恭帝被俘後，宋臣繼續在東南一帶抗敵，其中以陸秀夫、張世傑與文天祥所領導的抗元運動最為壯烈，合稱「宋末三傑」。他們先立端宗趙昰守福州，嗣因元軍進逼而走廣東。不久，文天祥兵敗被俘，而帝亦病死。陸秀夫與張世傑又立帝昺，移駐新會厓山，由於元軍猛追不捨，陸秀夫見無可挽救，抱帝投海自沉，南宋遂亡，前後一百五十三年（西元一一二七—一二七九年）。張世傑雖圖再舉，乘小船突圍，不幸遇風，船沉而沒；文天祥被囚近四年，寧死不屈，最後更以正氣歌明志，從容就義；皆名垂千古。

三、世祖的功業

世祖在位三十五年（西元一二六〇—一二九四年），文治、武功都有足稱，是元朝的盛世。這些成就，與他的漢化態度有關。世祖的漢化思想，來自下列因素：一、總制漠南漢地，受漢士的影響；二、乃母以漢人治邢州（河北邢台）封地，效果顯著。

世祖初即位，即仿漢制建年號，改國名。此外，更擺脫本位主義的反對，實行二元政治：以蒙古傳統處理蒙事，以漢法治理漢地。雖則這些政策後來妨礙了南北蒙古人的團結，也影響漢、蒙間的調和，但卻獲得漢臣的推戴，並認元爲中國的正統朝代。

在武功方面，爲實行大一統的理想，除了滅宋，還繼續對外用兵：一、服高麗。世祖曾爲高麗戡定內亂，並於其地設征東行省。二、征日本。兩次征日，雖都因颶風鎩羽而歸，但已令日本深感不安。三、收大理。世祖在此設雲南行省，納入版圖。四、南海諸國，多遣使來貢。

四、國勢的衰微

元代自世祖打破推選慣例，自即帝位，紛爭遂起，從此帝位爭奪不息，朝政往往爲權臣操縱；加以蒙古文化樸野，部落時代貪暴的習俗未改，自利其部族，以致貪污腐化，橫征暴斂，政治始終敗壞。此外蒙古人以征服者自居，歧視漢族特甚。漢人做官只能做副貳，當兵不許充宿衛，科舉則居較難的左榜，法律上也極不平等，賦役又重，民心思反。同時駐各地鎮戍的盟軍驕奢腐化，不堪作戰，而由漢人所組成的漢軍及新附軍又不甘為之效命，於是國勢終告衰微。

五、帝國的瓦解

元代晚期，國勢已衰，又遇順帝荒淫，國政益壞。時連年荒歉，黃河潰決，民不聊生，群雄遂乘機並起，龐大的帝國因之瓦解。

元末舉兵最早的為鹽梟方國珍（西元一三四八年），方在浙江沿海襲擊官船；但大規模的抗元運動，則為白蓮教所推動。白蓮教是當時流行民間的秘密宗教，教魁為河北人韓山童，以救世明王自居，密謀起兵。宋亡之後，志士仁人的恢復運動，從未中斷，由於元人監視甚嚴，反元活動只有藉秘密宗教進行，白蓮教遂成為摶聚反元力量的中心。

至正十一年，韓山童以謀洩被殺，劉福通便在安徽宣布起義，立山童子韓林兒爲帝。由於所部以紅巾裹頭爲幟，故稱「紅巾軍」。此外，徐壽輝亦在湖北起義，別爲紅巾南派的領袖。

劉福通起事後大舉北伐，元軍所在潰散，惜劉軍無紀律，最後又爲元軍所敗，而元室遂得以苟延殘喘。劉福通雖在北方失敗，南方反抗軍卻因元軍無力兼顧而大有進展。陳友諒殺徐壽輝，盤踞湖廣、江西地區，勢力最大。徐壽輝另一部將明玉珍則占四川自立。

此外，尚有不屬紅巾的張士誠，亦據江東、兩淮富饒之區。

朱元璋原依郭子興，子興死後，

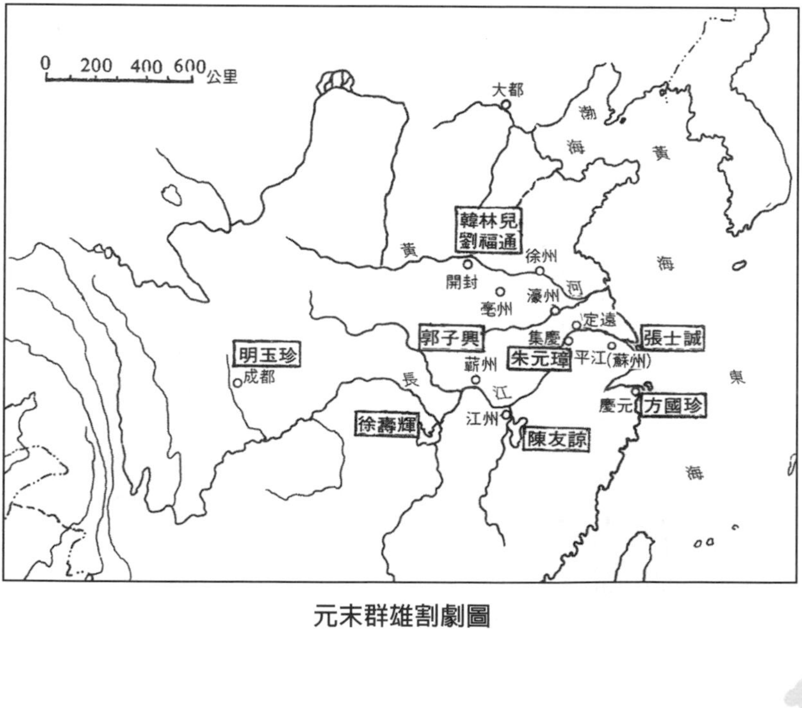

元末群雄割劇圖

部衆歸元璋，兵勢益盛。他早期的戰略是北守南攻，陽奉韓林兒作爲北方屏障，而以全力經營長江中下游。先擊滅陳友諒，再平張士誠，繼降方國珍，控有大部南方地區。因鑑於紅巾假迷信惑衆，不能成事，乃沉韓林兒於江，然後進行北伐，傳檄中原，正式以民族革命相號召。至正二十八年（西元一三六八年），元璋稱帝，建國號明，以應天府（南京市）爲首都，改元洪武，是爲明太祖。是年，大將徐達、常遇春攻陷大都，元順帝北逃。元朝對中國的統治，至是結束，入主中原僅九十年（西元一二七九－一三六八年）。

【研究與討論】

一、略述「宋末三傑」救國的事蹟。
二、試述元朝國勢衰微的因素。
三、由白蓮教在反元運動上所扮演的角色，研討反抗運動何以要依恃秘密宗教。
四、討論元世祖的漢化思想及其對施政措施的影響。

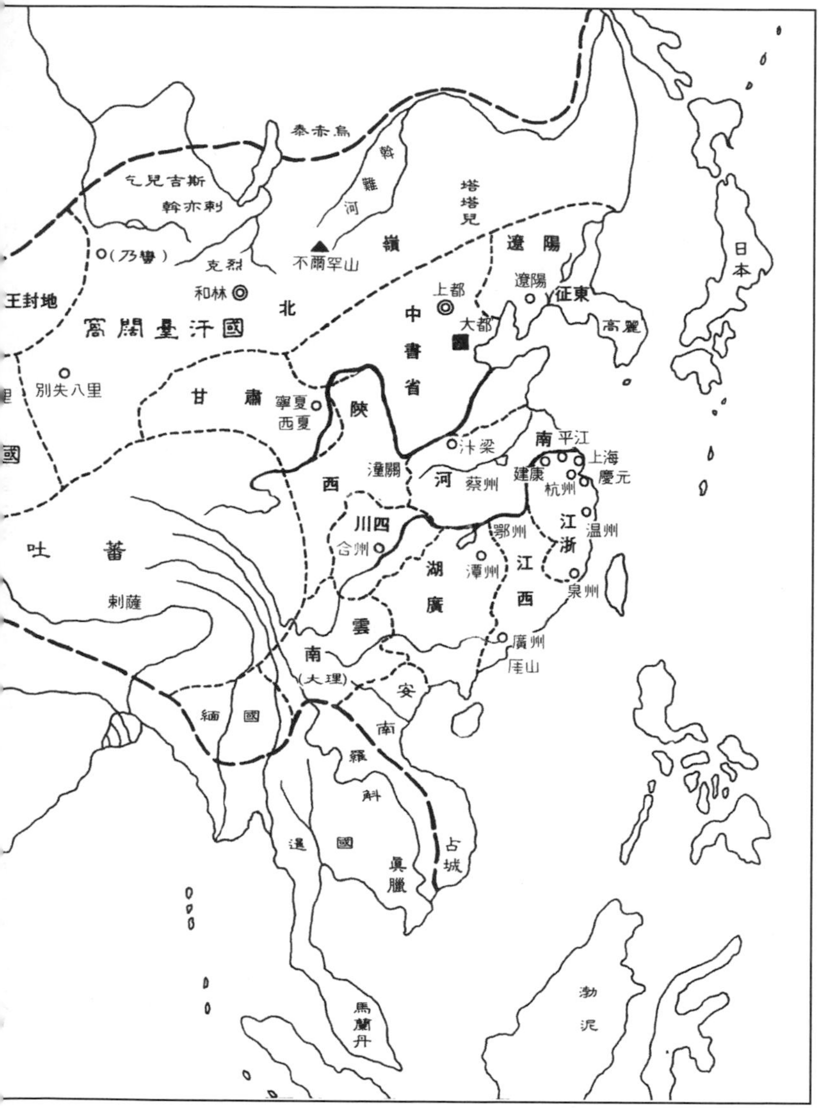
泰赤烏
乞兒吉斯
斡亦剌
斡難河
塔塔兒
嶺
北
遼陽
(乃蠻)
克烈
不爾罕山
和林
上都
遼陽
征東
王封地
窩闊臺汗國
中書省
大都
高麗
日本
別失八里
甘肅
寧夏
西夏
陝西
河南
平江
汴梁
上海
潼關
蔡州
建康
慶元
杭州
四川
江浙
溫州
合州
鄂州
吐蕃
湖廣
潭州
江西
泉州
剌薩
雲南
廣州
厓山
(大理)
安南
緬國
羅斛國
占城
真臘
暹國
馬蘭丹
渤泥

元帝國疆域圖

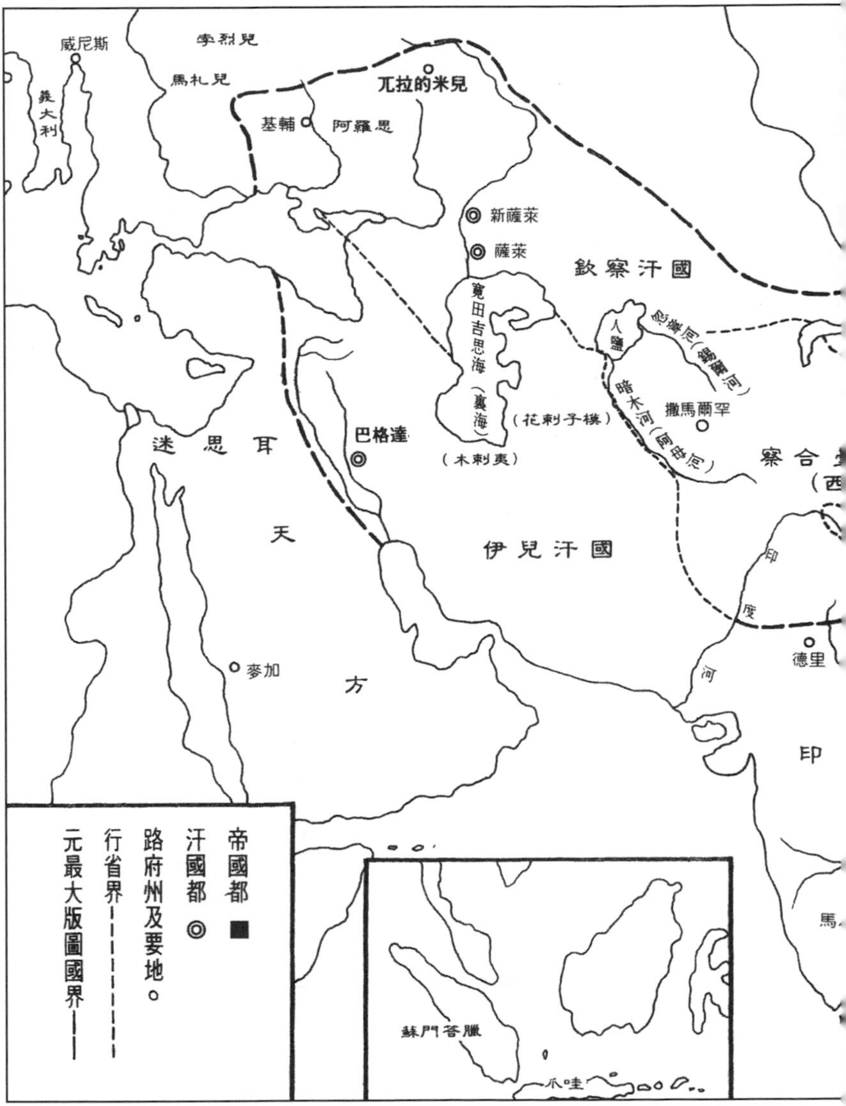
威尼斯
孛烈兒
馬札兒
兀拉的米兒
義大利
基輔
阿羅思
新薩萊
薩萊
欽察汗國
寬田吉思海（裏海）
忽章河（錫爾河）
暗木河（阿母河）
撒馬爾罕
（花剌子模）
（木剌夷）
巴格達
迷思耳
天方
麥加
伊兒汗國
察合
印度河
德里
印
馬
蘇門答臘
爪哇
帝國都
汗國都
路府州及要地
行省界
元最大版圖國界

第三節　元的中西交通

一、郵驛制度

中西陸路交通，自唐代後期以迄兩宋，由於中國紛擾不寧、中亞情勢混亂、大食中梗，彼此往來甚少。只有宋代的海上交通，還和南洋國家維持密切的關係。至蒙古西征，混一東歐與亞洲，始又全面發達起來。

元代陸上交通的發達，與郵驛制度的完善有關。驛傳，唐、宋以來有之，至元而更加發達。元人郵驛分成兩類，一類叫「站赤」（或稱「驛站」），一類叫「急遞鋪」。前者辦理驛務，供應驛傳、膳宿，給驛多寡，各按使臣品職高低而定。後者辦理郵務，方便政府傳達文書，使訊息得以輾轉快傳到目的地。

元代郵驛制度的完善，同時也對無數的商賈、教士及旅行者，提供了良好的保障與服務，大有助於商業往來與中西文化的交流。

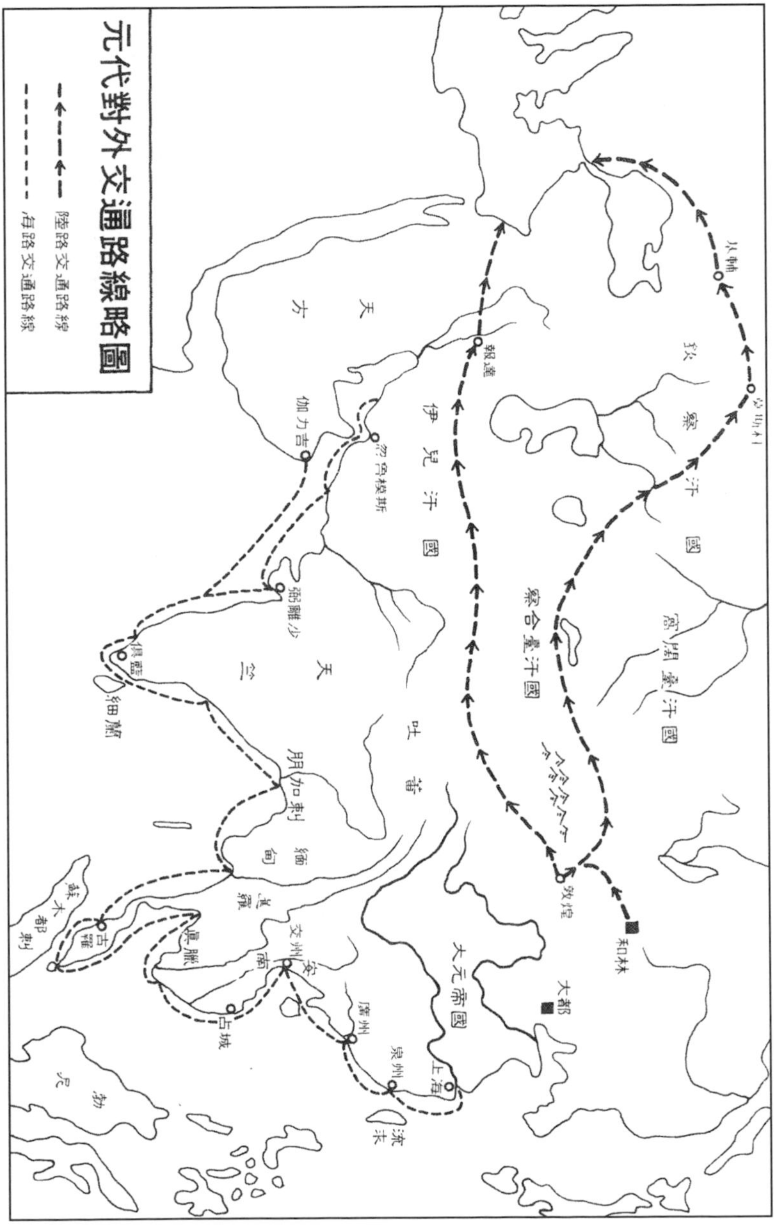
元代對外交通路線略圖
陸路交通路線
海路交通路線
和林
大都
敦煌
大元帝國
上海
泉州
廣州
交州
安南
占城
真臘
暹羅
緬甸
天竺
吐蕃
察合臺汗國
伊兒汗國
欽察汗國
窩闊臺汗國
報達
伽力吉
忽魯模斯
天方
俱藍
細蘭
蘇木都剌
流求

元代對外交通路線略圖

二、陸路及海上交通

元代對外的陸路交通有兩條主要路線：北線自敦煌出發，過天山北路，經察合台與欽察兩汗國國境，達於黑海北岸及君士坦丁堡；南線亦自敦煌出發，過天山南路，越蔥嶺，經波斯諸城，達於地中海東岸。

元代海上交通之盛，不亞於陸路：商船大者四層，設備極佳。自沿海七個市舶司[2]港口出發，向東可抵高麗、日本，向西可到達波斯灣。當時與元朝有貿易關係的地區，已達一百四十多處，這個數字，已遠遠超過唐代盛期。

三、西方文化的東傳

元代對外海陸交通便利，而又優禮色目人，西方諸國使節、學者、醫生、教士及商人等，紛紛東來，西方文物因而東傳。

元代以前，傳入中國的外來文化，以印度、波斯文化爲多；入元以後，則以阿拉伯

2廣州、泉州、溫州、慶元（寧波）、杭州、澉浦（錢塘江口）、上海。

的回教（伊斯蘭教）文化爲主。元代曾在京師設立回回國子學，專門教授阿拉伯語文。當時傳入的事物以天文、曆法、數學、醫術、砲術、建築及宗教爲重要。如設立回回司天台，延攬西域人研究星曆；蒙哥汗時，從阿拉伯文譯本傳入歐幾里德幾何學；設廣惠司，以阿拉伯醫生治病；世祖曾借助波斯人製造回回砲攻打宋襄陽城；回教徒在廣州、泉州等地建造寺廟，傳入阿拉伯的建築風格；回教傳入，不但各城市均有回教徒，新疆從此亦由佛教及摩尼教的地區變爲回教的領域。

此外，歐洲傳來的基督教[3]及吐蕃傳入的喇嘛教[4]，也都能各自發展。元代對宗教的態度是包容的。

四、中國文化的西播

義大利人馬可波羅（Marco Polo）在元世祖朝任官十七年，獲致巨富；回國後口述遊記，描繪東方各國的情形，盛道中國的富庶，激發歐洲人的冒險心，以通商、傳教爲目的，爭赴東方，於中西文化的溝通，厥功至偉。而中國人發明的火藥、羅盤、印刷

3元人對基督教，不分新派與舊派，統稱為十字教。稱基督教徒為也里哥溫（Ericon），意為「上帝之子」。教士孟德高維諾（Monte Corvino）曾於元成宗時任大都總主教。

4喇嘛教為佛教密宗的一支。元世祖曾尊喇嘛八思巴為國師，其後，歷朝皇帝均須受戒於喇嘛，勢力轉盛。

術、紙幣等物，藉著蒙古人對西方的經營，輾轉傳至西方，對歐洲近代文明的發展，及西方人世界觀念的改變，亦有莫大的影響。其中火藥改善了歐洲的武器，摧毀了封建諸侯的堡壘，加強了王權的發展；羅盤改善了歐人的航海技術，影響到地理發現；印刷術普及了歐洲的教育學術，影響到文藝復興；紙幣便利了歐洲的財政與民生經濟。

此外，中國藝術對回教世界也頗有影響。他們不但仿製中國的陶瓷器、綾錦，也摹仿中國畫。他們不但學中國畫的技巧，也擴張題材。古代回教藝術家作畫，只知把畫面塡滿，如今也能欣賞中國畫的空白之美；回教畫家向以動物畫像及人物像爲厲禁，因受中國畫影響，也撤去了藩籬。

【研究與討論】

一、研討元代郵驛制度，並說明其對外交通的影響。
二、元代對外陸路交通有哪些重要路線？
三、舉例說明元代所受阿拉伯回教文化的影響。
四、研討中國發明的火藥、羅盤和印刷術對歐洲發生的影響。

第十六章

宋遼金元的制度社會經濟與文化

第一節　政治制度

一、官制

宋初的中央官制，實行政治、軍事、財政三權分立。至神宗更訂官制，廢同中書門下平章事，改以尚書左右僕射居相職，並罷三司，將財政業務納入尚書省戶部，始從三權分立變為文武分權。南渡之後，刪去三省長官的虛稱，把左右僕射改稱左右丞相，掌中書省，至是，更大異於唐制。寧宗以後，丞相兼樞密成為永制，軍、政又告合一。

遼的官制分北面官與南面官。北面官主遼人事，南面官治漢人。金仿宋制，惟至海陵王時，實行尚書一省制，為我國一省制的開始。

至元代，沿用宋代文武分權制，以中書省掌政務，以樞密院知兵事。所不同的是微仿金的一省制，廢尚書與門下，而改留中書，並移六部於中書省下，使得最高政務機構從多元變為一元。惟宰相仍採多人制，除中書令為首長外，左右丞相等均可參決軍國要政。

在地方方面，宋採路、州[1]、縣三級制。在中央集權下，各級長官均由朝臣兼任，是差遣而非正官。遼採道、州、縣三級制，設官仿唐制。金、元則皆仿宋制，而略加修改，將長官改為正官。元更在三級之上設行中書省，簡稱行省，仿效中央，亦置丞相、平章等官，是為日後省制的起源。

二、兵制

宋初的兵制為募兵，但日久廢弛。至王安石變法，始漸以民兵代替；及新法失敗，又恢復舊制。宋初兵制的特點，在於事權統一，無強藩專擅之弊；缺點則為兵將不相習，戰鬥力低弱。

遼的軍隊，以部族兵為主，壯丁皆隸兵籍。金亦壯者皆兵，隸於猛安、謀克[2]。自海陵王遷都燕京，給與田地耕牛使之耕食之後，金兵尚武之風逐漸喪失。

元代兵制，初分蒙古軍與探馬赤軍。前者為蒙古人所組成，後者為諸部族所組成。

1 州一級包括比州大的府，及比州小的軍、監。諸州，宋人俗稱郡。
2 皆金官名。一謀克率兵三百，一猛安統領十謀克。

及入中原，復徵黃河流域一代百姓為漢軍、長江流域的宋人為新附軍。遇戰事，則派遣行樞密院事指揮其事，事已則罷，可免將帥專兵之弊。中葉以後，將驕卒惰，武力因之衰微。

三、賦役

宋代的賦稅，仿唐分夏、秋兩次徵收。所繳之物，以實物為原則，但政府亦可要求繳納等值的現金。賦稅之外，尚有差役。差役名目繁多，執行不善或失誤，尚須負責賠償，人民深受其苦。唐行兩稅法，本已包括租、庸、調；宋除兩稅之外，尚須承擔差役，故宋人負擔較唐為重。

遼的賦役不詳。金的賦稅分夏、秋繳納，役則依財產多寡輸錢有差。元代的賦役，主要有稅糧和科差兩種。稅糧之法，江北、江南有別：江北依地或丁徵穀粟；江南行兩稅法。其科差，則依戶令輸絲、銀代替力役。另外，又有額外課，係針對人民的所有物課徵。課斂之甚，前所未有。

四、科舉與學校

宋代科舉，大致與唐代相同，惟在考試防弊上，宋訂有彌封和謄錄之法，較唐嚴密。但舊式科舉究非養士的完善方法，所以王安石變法，想以學校代替科舉。南渡以後，偏重進士，惟分成經義和詩賦兩科。

遼、金亦行科舉，以待漢人。由於承襲唐風，偏重詩賦。金世宗時，曾增置女眞進士科，以提倡本族文化。元代取士，略受宋代新法影響，除科舉外，國子學課試及格的，亦可授官補吏。元代入仕之途雖廣，但銓政紊亂，選政始終無法上軌道。

宋代學校，至王安石變法而更盛。徽宗時，學生人數最多。南宋太學仍行三舍法，太學生人數也頗有可觀。宋代官學學術風氣雖不如書院，但極重氣節，關心國事，抨擊政府，有東漢遺風；雖權相史彌遠、賈似道，亦不敢得罪太學生，太學因有「無官御史台」之稱。

書院原是私人講學的場所，起源於唐憲宗時，李寬在衡州（湖南衡陽）設立石鼓書院。其後至五代，局勢衰亂，山林講學興起，書院漸多。北宋前期益盛，較著名的除石鼓書院外，還有江西廬山白鹿洞、湖南長沙嶽麓、河南商邱應天及河南嵩山（登封）嵩陽四書院。後期，因官學興盛，書院稍衰。南宋理學屢受禁抑，理學家紛紛自立書院傳授學生，書院乃大復興。書院講學的宗旨為做人重於求知，崇尚實踐，而以自覺啓發為主。書院雖有官、私之分，但講學自由則無二致，對於傳播學術、保存士風，貢獻至大。

遼、金亦均設學養士。元代對於學校頗為注重，在各行省所在，都置有學官，以為管理；同時，也允許私人設立書院。元代的學校制度，對明、清兩代有先導的作用。

【研究與討論】

一、研討宋代相權的變化。
二、宋代賦役有哪些擾民之處？
三、討論宋代官學及書院教育的功能。

第二節　社會與經濟

一、社會結構

宋代實行文人政治，大量開科取士，使大批庶民有機會上升爲統治階級。因爲機會均等，流動率大，所以社會較平等，門第觀念亦較淡薄。

庶民階級包括農民、商人和工匠。由於租稅和力役的負擔重，人民往往設法逃避，便產生兩種現象：一是依附地主，佃戶增多；一是漏籍逃稅，析戶避役[3]，以致口減戶增。庶民之下，又有賤民，通常稱作奴婢或僮僕，在數量上已比前代爲少。

遼、金均行封建制度，漢人受到嚴密的控制，並大量淪爲奴隸。元代的社會階層，如依種族而分，可分爲蒙古人、色目人、漢人和南人四大類[4]。漢人、南人地位最低，備受歧視。元代的中間階層，是由各種「戶計」所組成的。所謂戶計，是依職業分類所

3宋朝規定單丁（家中只有一個男子）、女戶（家中無男子），可以不必服勞役。

4一為蒙古人，又稱國人；二為色目人，即西域人；三為漢人，係指原受遼、金統治的中原地區的漢人，包括契丹和女真；四是南人，指原受南宋統治的長江流域及以南的漢人。

定的戶口，種類繁多，其中以匠戶地位較高，軍戶最特殊，佃戶地位最低。因為蒙古人重視工匠，匠戶生活最富裕；軍戶單獨歸樞密院管理，不與其他戶計通婚；佃戶有時要隨田土的買賣轉移，故與奴隸相當。元代奴隸為最下層，數量甚多。江南一帶，蓄奴風氣甚盛，動輒百千家。

二、社會風尚

晚唐、五代以來，道德淪喪，國勢衰微。有宋一代的士人，特崇氣節，力求振作；表現在外交上，寧願割地給幣，也不願送女和親；表現在政治上，則抗論時政，有意氣之爭；表現在倫理道德上，則注重名教，婦女地位低落；表現在家庭組織上，講究通財共灶之義。因為門閥觀念日趨淡薄，婚姻多已不再注重閥閱，而各種通俗文化也開始蓬勃發展。

遼人仍以傳統的游牧生活為基調。金人則因漢化極深，主要過農業生活，以房屋和村寨為居處，習俗與遼不同。

元人的社會與遼相近，漢化不及遼深。這與他們在進入中國之前，已深受西域文化的影響，而統治中國的時間又短有關。元人文化陶冶甚淺，驕縱奢侈，加以宗教迷信，縱容喇嘛爲虐，甚令漢民痛苦。

三、農業與工業

此時期農業，北方因戰亂而凋敝，不如南方發達。當時南方爲了應付迅速增加的人口，不但在江、湖之濱闢建田地，也在丘陵、坡地開拓梯田。一時，東南地區田連阡陌，盡成膏腴，成爲我國財富首要之區。至南宋而有「蘇、常熟，天下足」之諺。

宋、元的農作物以稻、棉爲重要。稻自十一世紀初，從占城（即林邑）引進大量早熟稻後，產量大增，躍居糧食作物第一位。棉的種植，於南宋初期，只在閩、粵地區推廣，後來才逐漸推展到江東，至元代而益盛。

宋代工業，仍有官營和私營之分。與唐不同的是，官營工匠，此時多來自招募，非復輪番輸役。元世祖滅宋後，曾將江南工技精良者十萬戶編入匠戶，司造各種工藝，手工業亦甚發達。據馬可波羅所述，元代手工業的興盛與精細，遠盛於當時執歐洲手工業牛耳的義大利、威尼斯和米蘭諸城邦。

就工業類別言，此時期甚繁雜，較重要的有紡織和瓷器。紡織業主要有絲織和棉織，前者以江、浙爲中心，後者以閩、粵較發達。瓷器不但產量多，而且趨於藝術化。

宋、元均屬單色瓷時代，宋瓷以簡樸著稱，元瓷較具書畫趣味，各具特色。江西景德窯，從宋代開始馳名，至元、明而成最著名的產地。

四、商業與貨幣

宋、元人口增多，農工進步，海上貿易興盛，因之商業甚爲發達。此時已有行會組織，商人都必須入行，以便課稅管理。

對外貿易，元代超越宋代。他們都在沿海城市設立市舶司以爲管理。北宋的貿易港以廣州最盛，南宋則廣州、泉州並列，元代以泉州最發達。

宋代商業發達後，城市的性質也跟著發生變化。大量人口湧進都市，商人可以到處做買賣，隨時交易，不再受舊日市（商業區）、坊（住宅區）分離的限制。同時，配合大都市經濟發展的需要，鄉間的交易也跟著熱絡起來。這種變化，使得商業發展更爲普及，直到明、清，仍在繼續發展。

爲因應商業發達的需要，宋、元貨幣制度亦有變化，擴大了紙幣的使用。宋代的紙幣計有四川發行的「交子」、與北邊國家行商用的「關子」，以及南渡以後所發行的「會子」等，不過使用地域尙屬有限。至元代始大量發行紙鈔，擴大使用，成爲主要貨幣[5]。但因貨幣知識不夠，常發行過量，準備金不足，無力「稱提」（收回），而導致通貨膨脹。

五、南北地位的升降

南北地位的升降，可以從政區的分布，以及人口、人才的消長得到證明。北宋初期，全國共有十五路，北六南九；至神宗，全國分為二十三路，北八南十五。就人口而言，北宋中期，南方約占全國總數的三分之二；南宋時期，僅江、浙一帶，便占全國（淮水以南）之半；迄於元代末期，南北的差距，更高達十與一之比。這說明南方經濟日益富厚，戶口日益增多。

人口多，人才自亦興盛。北宋時代，南人考進士者眾多，北人難以競爭，政府不得不以限定名額的方式，保障北人。元代，北方元氣未復，仍不足與南方相比。就丞相言，北宋中期以後，南方已多於北方，此後南北差距益為懸殊。人才多，自亦表示文化的興盛，故自北宋中葉以後，中國北方文化已落於南方之後。

5 中國紙鈔歷史比其他國家都早，即使稍後的波斯（西元一二九四年，乞合都時代）紙鈔，其款式也都是模仿中國的。

【研究與討論】

一、試述元代的社會結構。
二、北宋以後，南方農業盛於北方，原因何在？
三、宋代商業發達以後，城市的性質發生怎樣的變化？
四、試從政區、人口、人才三方面，研討南北地位的升降。
五、討論遼、金、元三代漢化情況不同的原因。

第三節　理學與科技

一、理學

理學是宋代儒學復興後思想界的主流，特重心性的探討。它的興起是因當世社會的需要與受佛教、道教的影響。宋代儒士懲前代缺失，砥礪氣節，致力於修身立人之業，對唐代以來所流行的佛家出世主義和道教的神怪迷信，深所不滿，極力倡導儒家思想以為抵制。但有意無意之間，卻蹈襲了佛、道的理論和方法，竟使儒學的面目為之更新，稱之為「新儒學」。

宋代的這種新學問，發端於仁宗時代的周敦頤。與他同時的還有邵雍和張載。他們都主張人道本之天理，因此他們的學問，都先探討宇宙本體，再推論人生正道，以闡發心性義理的奧秘，故又稱「理學」。至程顥、程頤兄弟，覺得這種理論有失牽強，乃直接從人生的實際經驗下手。程顥以為理存在人的心中，只要持「敬」，從容不迫地涵養此心，便可體認天理；程頤則不以為足，再提出「致知」之說，認為他的道理一如行孝，不僅要涵養此孝心，而且還得設法知道所以為孝的道理。他們二人的實踐理論，後來分別影響了南宋的陸九淵和朱熹。

理學至南宋光宗、寧宗時代而達於極盛，最著名的學者是朱熹（西元一一三〇—一二〇〇年），有集理學大成之譽。朱熹治學大要，主窮理以致知，涵養以踐實，而尤重於致知，故較近程頤。他又以為天下物理精蘊已具於聖賢之書，因此教人以信古人，讀古書為格物窮理的入手方法。在古籍中，他認為《論語》、《大學》、《中庸》、

《孟子》比五經重要，因爲四書的內容比較能和性理之學配合。如此，他又建立了所謂的「道統」，把周、張、二程和自己上接於孔子、曾子、子思和孟子之下，以明孔子心法傳遞的來由。因此，理學又被稱爲「道學」。

在陸九淵看來，朱熹的格物致知，不免失之「支離」，故主張吾心即理，理即吾心，以爲若能先發明人的本心，便能使之博覽，應天地萬物之變。以是，九淵特重「敬」的內向工夫，而與程顥接近。

朱熹議論精密，而教人的方法又平易淺近，在當時（包括金）已是衆流所歸，歷元代以至明初，亦不出其範圍。九淵的思想，到明代中葉王守仁出，才得到發揚。

兩宋理學的影響很大，理學家講究修養，砥礪名節，使得道德規範更爲嚴密；注重思考，不拘經典文字，對糾正盲目尊古的弊端有所改善。

二、科技

由於經濟的繁榮、前代科技知識的累積、學術教育的發達、政府的獎勵，以及中外文化的交流，使得這時期的科技特見發達。宋、元科技發展的概況，從北宋沈括（西元一〇三一－一〇九五年）的《夢溪筆談》，可以概見一斑。該書三分之一以上談論自然科學各種學問，並保有當時科技進步的忠實記錄，是我國科技史上極為重要的著作。

關於宋、元時期的科技發展實況，略分數項加以說明：

(一)天文曆法

觀測天象的儀器，最精巧的有宋代蘇頌所指導製造的渾天儀，利用水力運轉，可以同時演示天象、觀測天象、計時和報時。曆法則以郭守敬（西元一二三一－一三一六年）根據回回曆修正的授時曆最精密。該曆自元世祖至元十八年（西元一二八一年）頒布後，沿用近四百年之久。

(二)數學

宋、元時期是中國數學的黃金時代，數學家輩出。比較重大的成就有南宋秦九韶著的《數學九章》，在「聯立一次同餘式」（剩餘定理）及高次方程式的數值解法上，約比歐洲學者早五、六百年。元末朱世傑著有《四元玉鑑》，講述多元高次方程組解法和高階等差級數問題，前者也比法國學者早四百餘年。

㈢工礦

火藥正式用於軍事，開始在五代及北宋時期，最初僅是一種火箭型的燃燒性火器；到北宋末期，乃有鐵罐型的殺傷性武器；至元末，更發展成筒式火銃，藉火藥爆炸爲推動力，發射「子窠」，是今日大砲的先驅。羅盤，北宋人利用磁石摩擦鋼針製成磁針，然後將磁針橫貫著燈蕊，放置於盛水的方位盤裡，而成水羅盤；至南宋，又進一步改造成旱羅盤，而成爲世界上此項發明最早的國家。活字版爲宋仁宗時畢昇所發明，用膠泥刻凸字，每字一印，用火燒堅，排在鐵板上印刷，和現在鉛印相似。煤炭的採掘到宋才普遍，不但用作日常燃料，也用來煉鐵。北宋鐵的產量大增，爲明代以前所僅見。

㈣農技

宋、元時代農學大有進步，均有著名的農書問世。農具也有高度發展，宋曾利用齒輪系的機械原理製造水車（翻車），以水力和畜力代替人力。紡織上，元有水轉大紡車，可以安裝三十二個錠。

(五)醫學

北宋期間，唐愼微撰有《經史證類備急本草》一書，收蒐藥物一千七百種，是明代李時珍《本草綱目》問世前的本草學範本。王惟一精研針灸，統一各家說法，並監製兩具針灸銅人，頗利傳授之用。在臨床醫學上，宋時已能區別天花、痳疹和水痘三種不同的疾病和病源。

【研究與討論】

一、略述朱熹的理學成就。
二、宋、元時期的數學有何重要成就？
三、略述宋、元時期火器發明的沿革。
四、研討理學興起的背景及影響。

第四節　史地與文藝

一、史地

宋承唐制，由國家設立史館修纂史書，加上書籍流通，史料豐富，所以史學特別發達。宋代史學的特點是方法進步。司馬光撰《資治通鑑》，先訂叢目[6]，再編輯史料成長編，然後擷取精華，潤飾成書，是一套極合乎科學程序的寫作方法；同時，並附有考異，說明史料去取的理由，也是極嚴正客觀的考證方法。宋代史著亦甚豐富，收入正史的有《新唐書》、《舊五代史》和《新五代史》；詳記典章制度的有鄭樵的《通志》[7]；本末體有袁樞的《通鑑紀事本末》，是一種新的體例；編年史更多，以《資治通鑑》最著名。

遼、金、元三代也都設有史官編撰當代史，惟遼、金史書流傳後世的甚少。元代所

6 類似近代的目錄及索引。

7 通志體例為通史，略仿《史記》，由於二十略部分詳述前代典章，且分量不少，後人遂多以典制重之。

修前代史有宋史、遼史及金史，繁冗、疏漏不一。此外，典制史有馬端臨的《文獻通考》，是一部歷代典制的通史。《文獻通考》與《通典》、《通志》合稱為「三通」。
地理學方面，宋代除方志外，重要的著作有樂史的《太平寰宇記》等。元代則以《大元大一統志》著名，為方志圖經總匯，可惜已亡佚。

二、文學

宋初文學，仍沿唐末五代的遺風。直到中葉以後，新的士人和進士階層興起，成了社會中堅，才開始追求社會文化的穩定力量。他們對於中唐以來的本位文化運動，甚為重視，因而支持古文運動，頌揚社會詩人杜甫。所以宋代文風較具知性、沉潛之美，與中唐以前的感性、豪放之美不同。直到元代滅亡而未改。

㈠古文

宋初文章，仍然偏於駢儷四六。到歐陽修、曾鞏、王安石及三蘇[8]，追蹤唐代韓

8 蘇洵及其二子蘇軾、蘇轍。

愈、柳宗元，倡導古文運動，文體始趨於平易，合稱為唐宋八大家。歐陽修提倡古文最力，以平正通達為宗，善於敘事；蘇軾作文如行雲流水，姿態橫生，較具特色。

㈡詩

宋初的詩注重格律、雕琢，缺乏神韻。到梅堯臣才恢復聲調的自由，詩體始趨於樸實。至黃庭堅，以崎嶇之調，力追杜甫，號稱「江西詩派」。著名的詩人還有蘇軾和南宋的陸游等。蘇軾詩浩瀚廣闊，陸游詩具有忠憤憂國之情。

㈢詞

詞為宋代文學的精英，與唐詩並稱。詞興起於唐代，至宋代而特別發達。詞的特點在具音樂性，較詩自由，容易為社會各階層所接受。宋初詞風，承南唐遺習，形式短小，內容單調。至柳永，始改用長調（慢詞），細述當時都市男女的浪漫生活，頗獲市井居民的喜愛和共鳴。但柳永詞過於卑淺通俗，為部分文人所不滿，蘇軾就是其中之一。他以飄逸的作風，代替柔靡，以文學的手法，撇開音樂而就詩，遂開文人詞一派。針對蘇軾詞不合音律，有人另發起格律運動，周邦彥集大成，而與文人詞派對立。南宋由於社會生活浮華奢靡，格律派稍占優勢。但過分遷就格律的結果，反傷於堆砌雕琢，而成爲詞匠；至元乃爲散曲所取代。

㈣通俗文學

宋代以後，由於教育文化普及，經濟發達，都市繁榮，一時大衆化的娛樂成了追求的對象。而粗淺離奇的小說和戲曲，可以慰藉市民的好奇心，擴大生活經驗，通俗文學因之得到發展。

宋代通俗文學以「話本」（或稱「平話」）著名，來自當時講評古今故事以娛聽衆爲職業的「說話人」所用的底本。這些話本，文句上與口語一樣，敘事狀物，維妙維肖。其中有短篇有長篇，長篇非一次所能講完，就分爲節段，成了章回小說的起源。

元代通俗文學以戲曲爲主體，是合散曲[9]、說白和科段[10]而成，分雜劇和傳奇兩種。雜劇通常以四折（幕）爲限，每折限用一調；起於金、元之際，因元代統治者的愛好，

9散曲以元為盛，係自宋詞蛻化而出，可以歌唱，可說是元人的新詩。
10作劇者說明演員在劇中應有的動作，謂之科段。

以及漢士宦途受阻後的投入而昌盛,流行於北方,又稱「北曲」。傳奇的齣數較多,每齣不限一調;初起於北宋中葉,流行於南方,又稱「南曲」[11]。元代雜劇如關漢卿的《竇娥冤》、王實甫的《西廂記》等,皆為雅俗共賞的傑作;傳奇到了明代才有偉大的作品出現。

三、藝術

唐畫主要題材是人物、山水,至宋已擴充到花鳥和竹石。宋代在畫史的演進上有兩個重要的發展:其一,院畫的興盛。兩宋皆設有畫院,羅致全國精英畫家。院畫的特點,除了重視形似之外,特又強調格法。宋徽宗時代,是院畫的極盛時期。其二,文人畫的興起。文人畫本是文人詩餘的墨戲,他們作畫的目的,本在追求意境的表達,不重繪畫的本身。自蘇軾而下,至元末倪瓚等人,而達於極致,並成為元畫最大的特色。

宋代書法亦講究意態,著名的有蘇軾、黃庭堅等人。而徽宗瘦骨嶙峋的「瘦金體」,又是別具一格;後來金章宗模仿他,維妙維肖。元代則以趙孟頫最有名。

---

11 北曲和南曲的區別,在於北曲神氣鷹揚,有殺伐之氣;南曲則流麗宛轉,有柔媚之情。

【研究與討論】

一、宋代史學有何特點？
二、宋代文學的主體為何？如何興起？
三、研讀元代戲曲，並討論與現代流行之國劇有何異同。
四、討論文人畫的風格及特色。

第十七章

明的盛衰

第一節　明的盛世

一、太祖創業

元順帝棄大都北走之時，部分省分仍爲元人或元官所有，或爲豪傑所據。明太祖繼續命將征伐，至洪武十五年（西元一三八二年）底定雲南後，全國始告統一。一時國勢甚盛，遠紹唐、宋威儀，掃除元末貪暴胡風，氣象煥然一新。太祖所以能夠成功，與下列因素有關：一、以民族革命爲號召，目標正確；二、獲得江南儒士的擁戴，人才鼎盛；三、軍紀嚴明，深得民心；四、循序漸進，策略得宜。

太祖出身寒微，初以孤苦入皇覺寺，後又乞食四方。這個背景，使他產生了雙重人格：一方面愛護百姓，成爲賢明的皇帝；一方面猜忌臣僚，成爲專制的暴君。如嚴懲貪污，減輕稅賦，勸課農桑，廣設學校，以及獎勵人民上書言事等措施，均爲百姓所讚許。一般說來，太祖在位期間，頗知勤政親民，政治尚稱清明。但下列各項卻爲後世視爲不好的措施：

㈠封建諸王

分封宗室子弟，使屏藩中央。諸王雖無土地、人民，卻擁有兵權，以致後來發生骨肉相殘的奪權事件。

㈡獨裁專制

藉丞相胡惟庸勾結海盜謀反事，罷去中書省，廢除丞相，集大權於一身，以致日後親近天子的人有機會竊取大權。

㈢大興獄案

太子早逝，太孫幼弱，疑忌大臣不可信託，屢興大獄，功臣宿將多未得善終，至有坐黨株連至數萬人者。

㈣凌辱朝臣

規定臣僚覲見，必須跪對。臣下偶有失旨，亦隨時在殿廷上施加廷杖折辱。臣工奏章詩文，也常因爲一字之疏忽而招滅門之禍[1]。

二、成祖的功業

太祖死後，太孫朱允炆立，改元建文，是爲惠帝。惠帝爲人仁慈，果斷不足。見當時諸王強大跋扈，乃接受齊泰等人的建議，進行削藩。燕王朱棣因藉口清除君側，舉兵抗命。轉戰三年，終在內廷太監的策應下，攻下南京。惠帝失蹤，燕王便在建文四年（西元一四〇二年）篡位爲帝，改元永樂，史稱「靖難之變」。

成祖即位後，對於被削諸王，分別復其舊封，或改徙新地，但宗藩的權力大受限制。成祖在位期間（西元一四〇二－一四二四年），極注重內政及國防建設，國勢大盛。綜其重要事功，除了整飭吏治、擴大疆域、經營南洋外，尚有下列二事值得注意：

1 如光（光頭）、生（音似僧）、尚、釋、法坤（音類髮髡）等，皆犯譏訕，輕者譴謫，重者誅戮。

一、會通南北經濟：疏通杭州經山東到北京的運河[2]，便利南北漕運。這條運河就是現在的大運河，與隋代從淮河達汴京再轉涿郡的舊線不同。

二、加強北疆邊防：爲抵抗塞北民族的入侵，一面沿邊自遼東至甘肅列置九鎮，一面修葺山海關到晉北的「邊牆」（長城別稱）[3]。並在永樂十九年，正式遷都北京，取其去敵之近，制敵之便。

2 元世祖曾自須城縣（山東東平）安民山西南，到臨青（山東臨清），開鑿一條運河，稱之為會通河，以接永濟故瀆。又鑿大都至通州（河北通縣）之通惠河，使永濟渠繼續上達。

3 明中期以後，再築陝北、寧夏、甘肅的一段，直抵嘉峪關。又在邊牆以南，築「重牆」一道，自山西老營（偏關東），與邊牆相接，東經寧武、雁門、平型、龍泉、倒馬、紫荊至居庸關，以屏衛北京。這就是現在綿亙東西，東起山海關（另據中共考古學家的調查，以為遼東長城是明代萬里長城不可分割的一部分，它的東部起點就在遼寧丹東鴨綠江畔的虎山口），西至嘉峪關的長城。

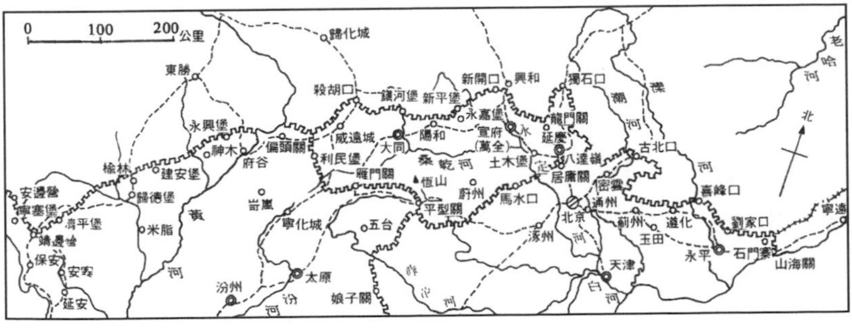

明代萬里長城東部圖

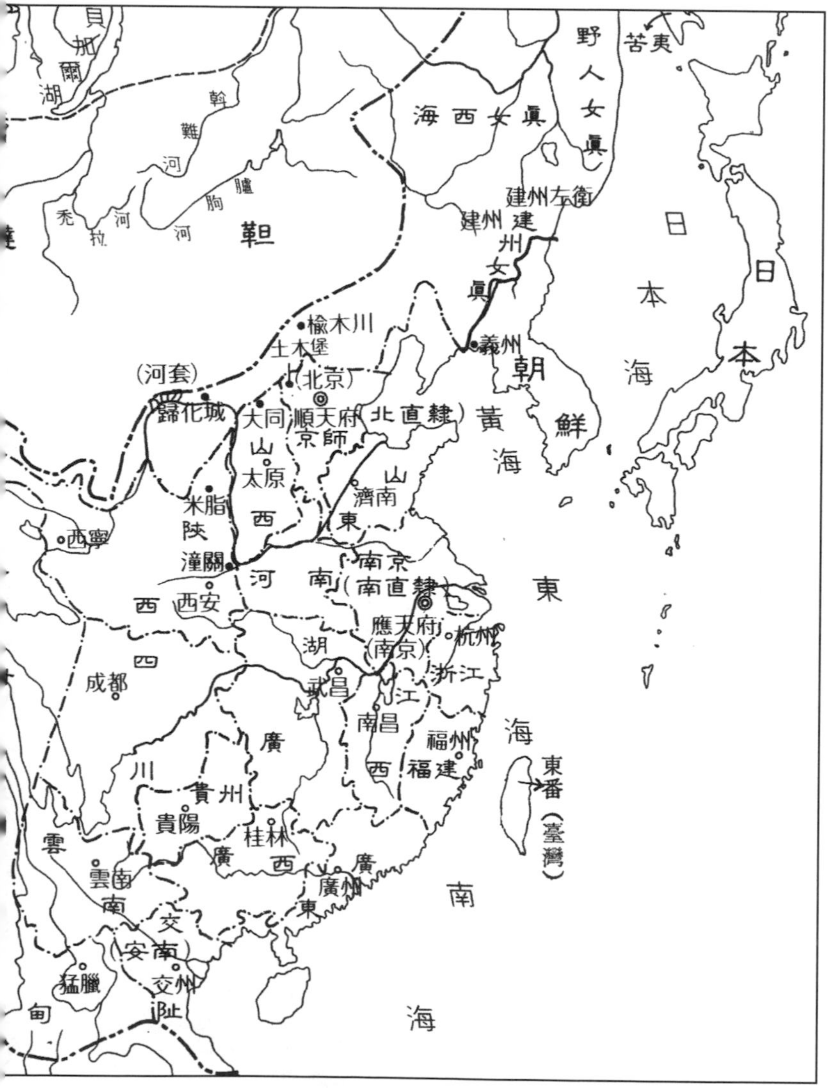
貝加爾湖
斡難河
禿拉河
胪朐河
韃靼
野人女真
苦夷
海西女真
建州左衛
建州
建州女真
日本
日本海
榆木川
土木堡
義州
朝鮮
（河套）
（北京）
歸化城
大同
順天府（北直隸）
京師
黃海
山西
太原
山東
濟南
米脂
陝西
西寧
潼關
河南
南京（南直隸）
西安
應天府（南京）
杭州
東海
四川
成都
湖廣
武昌
浙江
江西
南昌
福州
福建
東番（臺灣）
貴州
貴陽
桂林
廣西
廣東
廣州
雲南
交南（安南）
交州
交趾
猛臘
甸
南海

明代疆域圖

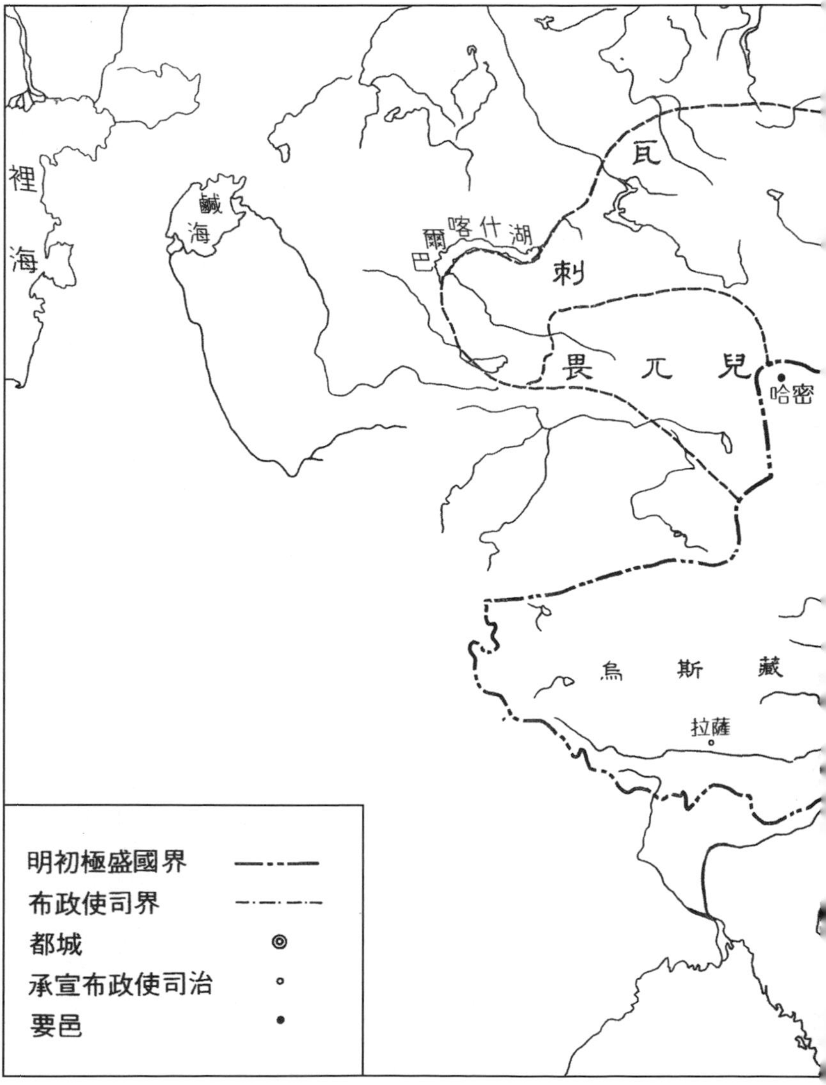
裡海
鹹海
巴爾喀什湖
瓦剌
畏兀兒
哈密
烏斯藏
拉薩
明初極盛國界
布政使司界
都城
承宣布政使司治
要邑

三、仁宣英治世

成祖之後爲仁宗，在位一年，再後爲宣宗、英宗，大致仍爲明的盛世。仁、宣兩朝，任用楊士奇等人輔政。此時，君明臣賢，政治清平，吏稱其職，民安其業，爲史家所稱美。

英宗童年即位，由太皇太后張氏聽政，委任舊臣，謹守仁宗、宣宗遺範，因而邊陲戒嚴，國紀嚴肅。正統七年（西元一四四二年），太皇太后去世，元老重臣相繼退休，宦官王振乘機弄權，英宗倚之如父師，從此朝政日趨敗壞。

【研究與討論】

一、略述明成祖的功業。

二、討論明太祖和漢高祖的異同。

第二節　疆域的開拓

一、經略塞北

蒙古北還後，仍自稱元朝，史稱北元。由於經常入寇，太祖之世，曾四次遣將北討，始將之驅離漠南。洪武末年，蒙古大汗爲臣下所篡，裂爲東西兩部分，稱韃靼（音達達，即Tartar）與瓦剌（Oirat）。其後，兩國之間，常有分合，也常南侵，造成明代邊境的軍事緊張。

永樂八年（西元一四一〇年），成祖首度親率大軍度臚朐河（克魯倫河，

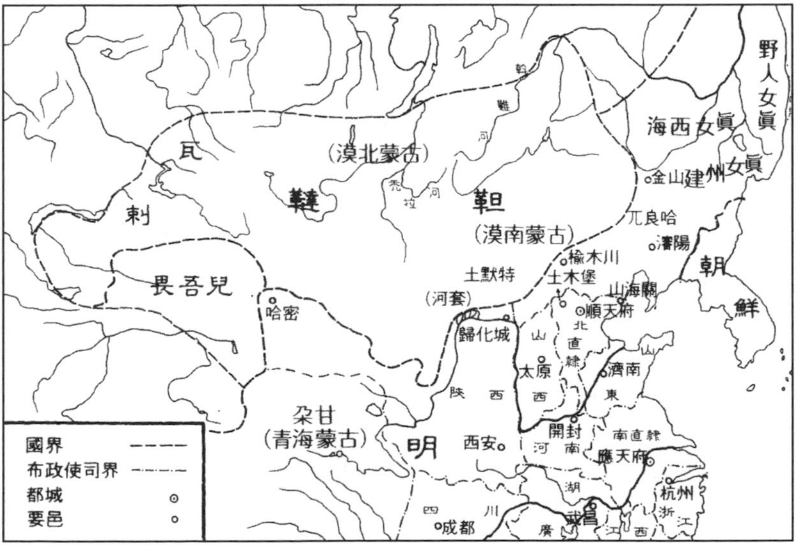

明與蒙古對峙圖

朐音渠），大破韃靼。四年後，二次親征，再破瓦剌，追至禿拉河（土拉河，在蒙古北境）而還。其後，韃靼復屢窺邊塞，成祖又連續三次渡漠追擊，韃靼方才遠遁。永樂二十二年（西元一四二四年），成祖於最後一次親征班師回京途中病逝，塞北經略，遂告停頓。成祖雄才大略，遠征氣魄為古今帝王所罕見。

二、開拓東北

明太祖初年，在遼陽置

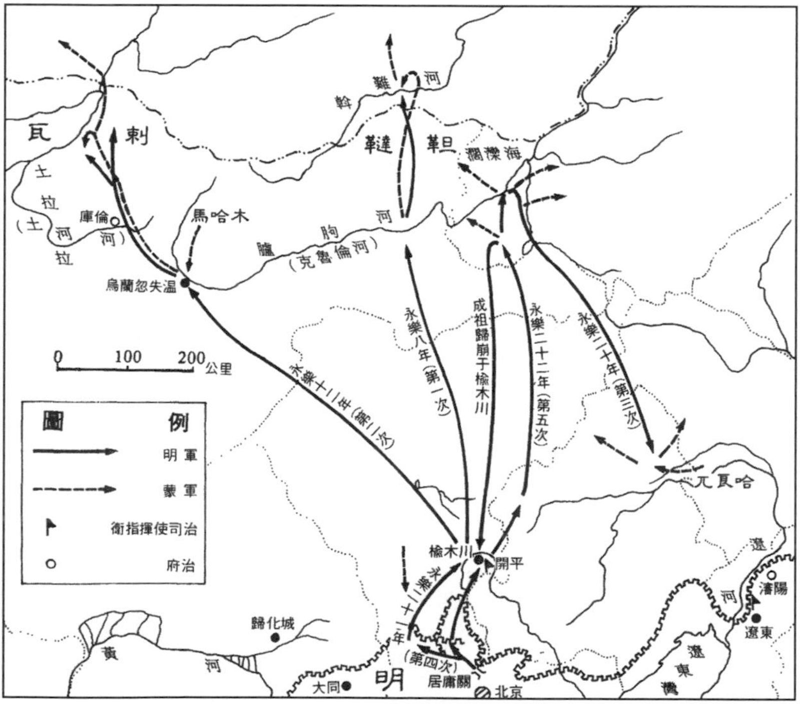

明成祖北征圖

都指揮使司，作爲經營東北的據點。成祖時，女眞內附，明置建州、海西等衛以統治之，包括今合江、松江、吉林等地；其性質類如西南地方的土司。又招撫黑龍江下游南北諸部，設奴兒干都指揮使司於黑龍江口，總統各衛，海外苦夷（庫頁島）亦在其內。於是，明朝聲威遠達東邊極地。

三、控馭西域

明代西方疆域僅達哈密。由於太祖曾在甘肅置重鎮，扼守河西走廊；又在青海及西藏各置行都指揮使司，所以西方邊防頗爲鞏固。其他西域各國，於明初亦多來朝貢稱臣。

四、開發西南

元在今貴州省一帶蠻疆設宣慰、宣撫等司，任土酋充當長官，世襲不替。明初，因襲元制。成祖時，始設布政使司治理其地，開置郡縣，成爲中國本部的一省。雲南於元時已建行省，明初，以沐英鎮守，禮賢下士，勸課農桑，教化大行，遂成樂土。

五、安南、緬甸諸國的內屬

安南於明初入貢受封。永樂初，設交阯布政使司，收入中國版圖；但治理不易，宣宗時又罷。英宗時，封其王為安南王，世為明的藩屬。

明初，曾於緬甸設宣慰使司，治理其地。暹羅原分暹國和羅斛兩國，明初，合併為一。明太祖封其王為暹羅國王，始以暹羅為稱。占城亦於太祖時來附稱臣。

六、朝鮮、琉球、日本通貢

高麗於元、明之際，遊走於明、元之間。洪武二十五年，大將李成桂篡位，一意與明修好，明封為朝鮮國王，因改國號為朝鮮。自此世代受封，事明至為恭謹。明亡後，朝鮮猶私心嚮往不已。

琉球在太祖初年入貢受封，賜以閩人三十六姓，分在琉球任職。成祖時，通貢益頻，並派學生來華學習，華化頗深。

日本在幕府足利義滿當政時，曾來朝貢，惠帝封他為日本國王。成祖即位，義滿具表以賀，賜以冠服王印。

七、經營南洋

明代自太祖開國，即注意南洋，曾遣使宣慰，國人向海外移殖的也因而日漸加多。成祖即位以後，更加積極，屢次遣使招徠南洋諸國，而鄭和的奉使西航，尤爲當代盛事。論成祖重視西航的動機，可歸納爲四點：一、政治的：懷疑惠帝未死，逃匿海外，遣使搜尋；二、經濟的：發展海外貿易，增加財稅收入；三、虛榮的：誇示富強，增長國威；四、軍事的：組織海上同盟，圍堵帖木兒汗國[4]。

鄭和，雲南人，是一位太監。他的遠航，人稱「三保（寶）太監下西洋」。三保是他的小字，西洋指今南洋的西區與印度洋。他所率領的是一個武裝使節團，亦可名爲海上遠征隊，多時曾達兩萬七千多人。組成的船舶，多則百餘艘，少亦四、五十艘。船體大者長四十餘丈，寬十八丈；載重量在一千五百噸以上。

4 帖木兒為元室支裔，明初，據察合台汗國故地，於西元一三六九年稱汗，定都撒馬爾罕。擁地西達地中海東岸，南盡波斯灣與紅海，北達俄羅斯西南部，東至蔥嶺與恆河，大有復興成吉思汗盛業之氣概，卒於一四〇五年。

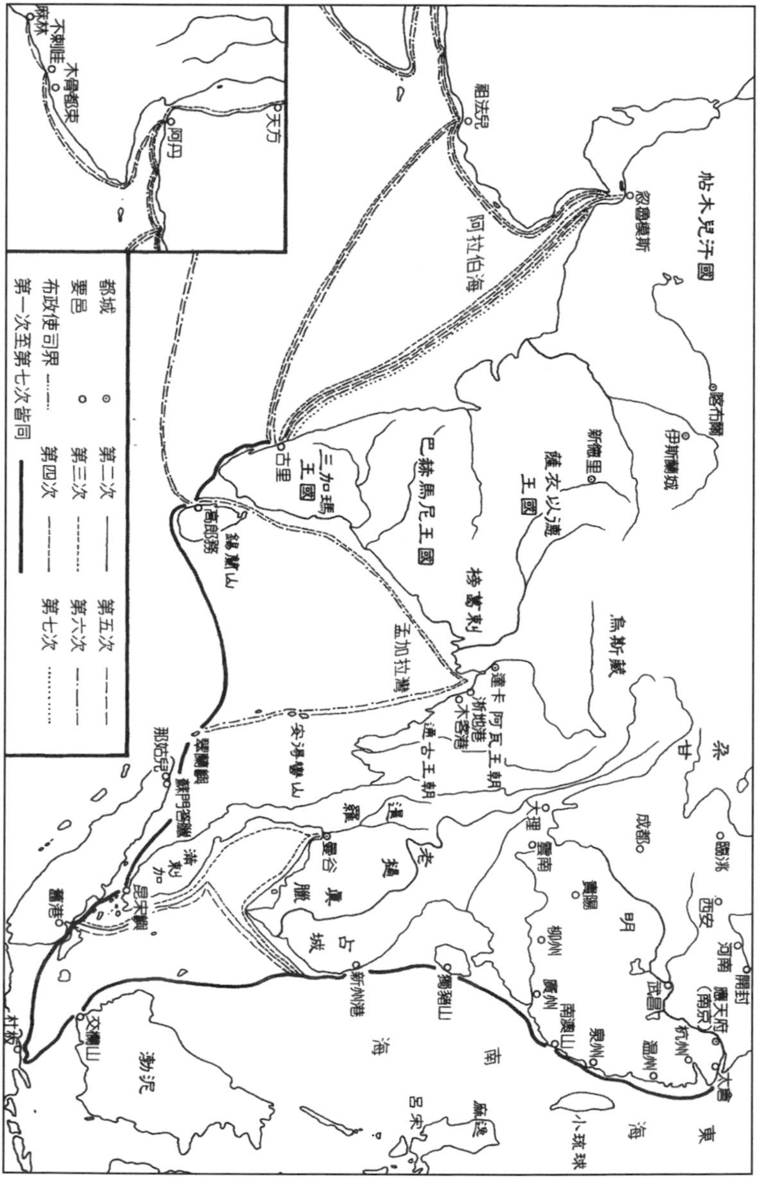
帖木兒汗國
忽魯謨斯
祖法兒
天方
阿丹
木骨都束
不剌哇
麻林
阿拉伯海
新德里
巴赫馬尼王國
古里
錫蘭山
榜葛剌
孟加拉灣
烏斯藏
達卡
阿瓦王朝
蘇門答臘
滿剌加
暹羅
曼谷
真臘
占城
新州港
獨豬山
交闌山
渤泥
舊港
南海
東海
小琉球
呂宋
明
成都
臨洮
西安
河南
開封
應天府(南京)
武昌
杭州
溫州
泉州
南澳山
廣州
柳州
貴陽
雲南
大理
太倉
都城 ◎
要邑 ○
布政使司界
第一次至第七次皆同
第二次
第三次
第四次
第五次
第六次
第七次

鄭和航海圖

鄭和出使前後七次，六次在成祖時代，一次在宣宗時代。每次所需時間，大約兩年。永樂三年（西元一四〇五年），首次出航；宣德八年（西元一四三三年），完成末次航行回國。最遠曾達非洲東岸的木骨都束（Magodoxu）等處。出使期間，曾使明朝的聲威爲之遠播。惜因不重經濟效益，耗費過巨，無以爲繼，終而喪失了在南洋的優勢。

鄭和遠航，對後世影響頗大。明非但因此對海外情況更加瞭解，而且激起國人海外貿易與移民的興趣，並對南洋一帶的僑民提供了莫大的保障。故閩、粵居民從此向南洋移民的人數日益增多，奠定華僑在南洋發展的深厚基礎，對當地經濟文化的開發貢獻甚大。

【研究與討論】

一、試述明成祖經略塞北的經過。

二、明代開拓東北的情形如何？

三、明代與西南的關係如何？

四、研討鄭和下西洋的路線及其影響。

第三節　明的衰落

一、皇帝品質低下

明朝皇權擴張，但皇帝的養成教育不良，多長成於後宮婦人、宦官之手，又缺乏實際政務歷練，因此自憲宗、孝宗以下，人格多有問題，驟得大位，兒戲朝政的情形多有所見，朝中無人可以制衡皇權，以致朝政因皇帝的不稱職，而愈來愈不堪聞問。

二、宦官弄權

宦官危害國政，已見於東漢和唐代。明太祖即位後，即不許內侍讀書，並嚴禁參與政事。但因下列因素，使得宦官之禍又在明代出現：

一、相權喪失：皇帝直接掌握全國政務，非每個皇帝所能勝任，大權容易爲親近的小人竊奪。

二、皇帝寵信：成祖因宦官而奪位成功，從此重任宦官，使出任內外要職；宣宗以後，宦官並得代爲批決奏章，權力益專。

三、廠衛爲虐：自成祖爲宦官設東廠，委以偵緝之任後，宦官驕橫日甚。中期以後，錦衣衛與諸廠[5]狼狽相結，危害益烈。

明代宦禍爲害最大的有王振慫恿英宗親征，抵禦瓦剌，敗於土木堡（察哈爾懷來縣西），英宗被俘；武宗時，劉瑾陷害忠良，操縱大權，敗壞政事，變亂蜂起；熹宗時，更有魏忠賢擅作威福，殘害正直之士。

三、權臣專擅

明代廢相，近臣易於竊權。宦官弄權固由此而生，權臣專擅亦與此有關。明代權臣專擅，以嚴嵩爲害最大。

世宗中年以後，喜好神仙，長期不親朝政，致爲嚴嵩所乘。嚴嵩以善撰醮祀青詞爲帝所喜，入爲大學士。又因爲人奸黠，諂媚蒙蔽，把持朝政達二十年；其間父子相繼爲

5 錦衣衛為明太祖所設，本掌侍衛儀仗，後專主巡察緝捕，以皇帝親信統領。憲宗設西廠，武宗設內廠，均為寵任宦官而立。

惡，聚斂貨財，殘害忠良。最後，嚴嵩雖遭貶斥，其子伏誅，但諸事已壞，國基動搖。

四、張居正的改革

穆宗嗣位，啓用張居正等人為閣臣，朝局稍有起色。及神宗即位，因年幼，太后起用張居正為內閣首輔，當政十年，大力改革，建立不少功績，使長期以來的衰運，重現一線生機。

張居正的改革，包括下列各點：國防上戰守兼施，任用戚繼光、李成梁等名將，抗禦北虜，保固邊境。政治上循名責實，確立行政系統，層層督責，嚴其考核，澄清吏治。經濟上丈田均賦，清丈被勢家所侵占的田畝，增加賦稅；實行「一條鞭法」，將人民應出的租稅和力役折價，併為一條，按畝徵銀，頗為簡便。

張居正積勞而死，死後竟受人誣告，被追奪官爵，籍沒家產。從此，閣臣率多隨俗浮沉，政事遂再敗壞。

五、黨社紛爭

張居正病逝，新政廢除，高階層的權力地位頓成眞空；而神宗又荒怠不理政事，於是各方權貴呼朋結黨，互爭權位，因而形成了危害政治的黨爭。

當時，吏部郎中顧憲成以諫立太子事[6]罷歸鄉里，講學於無錫的東林書院，以君子自居，以道學救世，諷議時政，一部分朝臣與之相應和。而忌之者亦衆，指憲成等爲東林黨，各分門戶，相互攻訐。熹宗即位，東林黨當政，盡斥非東林黨，被斥者紛紛轉附太監魏忠賢，形成閹黨，力圖報復。由於熹宗昏庸，魏忠賢跋扈日甚，乘勢鎭壓東林，不但毀去全國書院，更加害東林黨人，朝中善類一空。

思宗嗣立，誅殺魏忠賢，追贈東林烈士，人心大快。但黨局已成，黨社之多，不虞百計，日以抨擊敵黨爲事，置國家民族利益於不顧，卒致國家淪亡。

六、邊患危害

明代中葉以後的外患，主要有蒙古、日本和滿洲。蒙古在成祖之後，瓦剌勢盛。英宗時，也先率衆南侵，英宗貿然親征，被俘，造成「土木堡之變」；又逼北京，賴于謙擁立景帝，召勤王軍抵抗，始予擊退。憲宗以後，韃靼代盛，不斷南下寇邊，明朝損失

6明神宗遲不立長子常洛為太子，意在鄭貴妃子常洵。顧憲成力爭，被削職。

無算。至穆宗時，始以明朝邊備整飭，請求封貢互市。自是，北邊獲得二十餘年的安定。

嚴嵩當國時代，除了北邊有韃靼的侵擾外，沿海一帶尚有倭寇之禍。當時，日本幕府足利氏已衰微，政府無力控制，若干不法之徒遂糾衆爲害於朝鮮及中國沿海，變成海盜。嘉靖中，其勢漸盛，與中國海盜及佛朗機（葡萄牙）人[7]相勾結，剽掠於江、浙沿海以下各地。至嘉靖末，始爲戚繼光等所剿平，但爲患已久，民生已經凋敝不堪。

日本之禍，除倭寇之外，復有中日朝鮮之役。神宗萬曆年間，日本豐臣秀吉統一全國，野心勃勃，發兵入侵朝鮮。朝鮮告急於明，明派大軍往援。開戰之後，雙方互有勝負。會秀吉病死，日軍欲退，爲明與朝鮮的聯軍所敗。此次戰役，前後七年（西元一五九二－一五九八年），日本損失雖重，明亦喪失兵員糧餉無數，財用爲之大匱，以致無力對付滿洲及流寇之患。

滿洲爲女眞的後裔。明神宗時，建州左衛首領努爾哈赤呑併女眞諸部，建國後金。隨後，又起兵叛明，進入盛京（瀋陽），聲勢亦盛。寧遠（遼寧興城）之役，爲明將袁

7回教徒通稱歐洲人為佛郎機（Franges）人。葡人初來東方，以回教徒任通譯，故有是稱。

崇煥以葡萄牙人所傳入的紅夷巨砲擊退，努爾哈赤負傷去世，勢力始挫。明軍既勝，袁崇煥被陞爲巡撫；滿洲則由努爾哈赤子皇太極繼位，雙方重新展開另一階段的激烈戰鬥。

七、流寇之禍

明代後期由於宦官猖獗，權臣專擅，朝綱不振，吏治敗壞已極；加以內外用兵，徵索苛繁[8]，人民不堪其苦；而萬曆至崇禎七十年間，天災連年，其中陝西受災最嚴重，成爲產生流寇的溫床。

思宗崇禎初年，陝西民變之勢既起，又因邊軍欠餉苦饑，鼓噪譁變，兩相激盪，遂成大亂。其中以闖王高迎祥（陝西米脂人）及李自成（迎祥甥）、張獻忠（陝西延安人）爲最強。他們在邊事吃緊、政府剿撫不定的情況下，乘機坐大。後高迎祥被擒斬，李自成繼承其位，繼續流竄，遍擾陝西附近各省。崇禎十七年（一六四四年），張獻忠入四川，所到屠殺，遂據成都；李自成亦掠占長安。同年，李自成因內監迎降，攻陷北

8對滿洲用兵徵「遼餉」；及流寇事起，又徵「練餉」、「剿餉」，作為練兵、剿匪之用。

京，思宗自縊殉國。

【研究與討論】

一、試敘述張居正的功業。
二、略述明代中葉以後倭寇為害情形。
三、就明代流寇產生的原因，研討為政之要。
四、研討東漢、唐、明三代宦官弄權的異同。

第十八章

盛清的內政與疆域的拓展

第一節 滿清入關與南明的抵抗

一、皇太極建清

皇太極即位，對明的侵略更爲積極，但屢爲袁崇煥所敗。皇太極正面進攻既受阻，便改採迂迴戰略，繞過袁崇煥防區，取道內蒙古，進圍北京。袁崇煥聞訊，兼程入援，力戰卻敵。但思宗誤信反間計，謂袁崇煥與敵有密約，將脅朝廷與訂城下之盟，遂殺袁崇煥，自毀長城。

是後幾年，皇太極西滅漠南蒙古，東降海上明軍孔有德等[1]，信心大增，便在崇禎九年（後金天聰十年，西元一六三六年）正式稱帝，改國號爲大清，是爲清太宗。至此清已成爲明朝的敵體，不再是「看邊進貢」的藩屬了。

袁崇煥死後，明以洪承疇爲薊遼總督，守錦、寧防線。崇禎十五年，清兵圍攻錦州

---

[1] 孔有德、耿仲明原為鎮守皮島（在鴨綠江口）的毛文龍部下。毛文龍以通敵為袁崇煥所殺，孔有德等走山東，再走旅順，與廣鹿島副將尚可喜先後降於後金。

城外的松山，明軍大潰，洪承疇被俘投降，山海關外的土地遂先後失守。這是明、清的最後決戰。

二、清兵入關

清太宗去世，子世祖立，以多爾袞為攝政王，侵明益急。此時李自成亦已占有北京，並對明山海關總兵吳三桂施加攻擊，吳三桂腹背受敵，復以愛妾陳圓圓為李自成部將所俘，因棄節降清，以聯攻李自成。多爾袞即以之為前驅，入關大破李自成，遂據北京（西元一六四四年）。李自成輾轉走死湖北，不久張獻忠亦敗歿於四川。至是，為禍十餘年（西元一六二八—一六四六年）的流寇，宣告結束，而清竟因此入主中原。

三、南明抗清

自李自成攻陷北京，明宗室及遺臣，多輾轉南下，先後擁立福王、唐王、桂王，史稱南明。

福王立於南京。他為人昏愚無知，朝政為閹黨所把持。鎮守揚州的史可法內外受制，清軍來攻時，得不到援兵，壯烈殉國。清軍屠城之後，又渡江陷南京，福王出走，爲清軍所俘。

唐王立於福州。他爲人潔身自愛，但因內部不協，又與在紹興監國的魯王不和，雙雙爲清軍所滅。

桂王立於肇慶（廣東高要），年號永曆。清軍入粵，乃奔走廣西。這時，附近各省紛起投效，加上東南沿海鄭成功的呼應，頗有中興之望。無奈明室諸臣，依然內訌不已，武將又互相猜忌，最後終歸失敗。在明降將吳三桂等人的強力追擊下，桂王雖退入緬甸，仍爲三桂所執，害死於雲南，明朝告終，享國兩百九十五年（西元一三六八—一六六二年）[2]。在桂王顛沛流離之際，李定國始終效忠，於桂王被害後兩月，亦以憂憤過度病逝，志節可欽。

2 如以明思宗自縊之年（崇禎十七年，西元一六四四年）作為明亡之年，明代享國僅兩百七十七年。

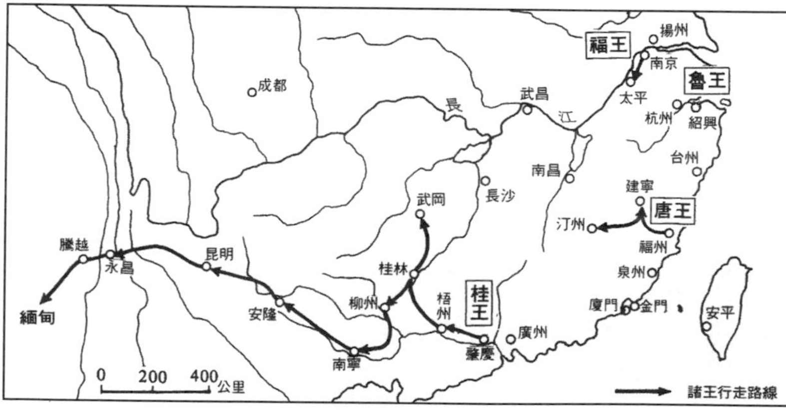

南明諸王圖

四、鄭成功的恢復事業

南明東南沿海的軍隊，主要有兩支：一爲張煌言，以舟山爲根據地；一爲鄭成功，以閩南爲根據地，但以鄭成功爲重要。

鄭成功（西元一六二四—一六六二年）的父親鄭芝龍，原是東南沿海的海盜首領，在閩海一帶頗有勢力。崇禎初，受明招撫，後與黃道周共同擁立唐王。但鄭芝龍爲一投機分子，其於清兵進入福建之時，變節降清。惟鄭成功獨能堅守儒生志節，毅然舉兵，爲反清復明而努力。

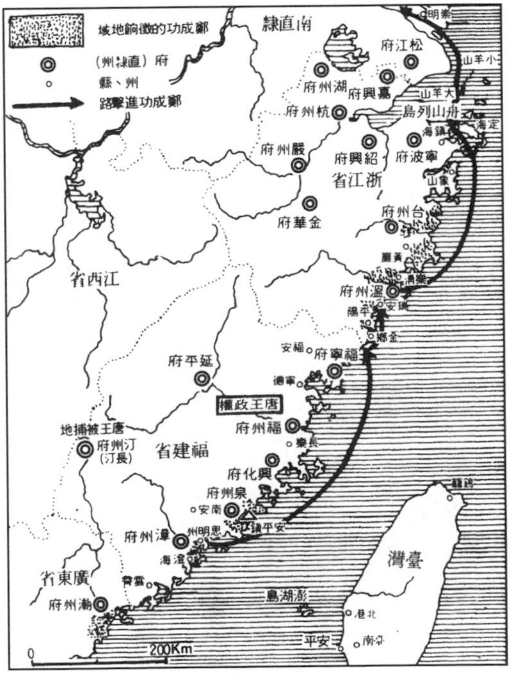

鄭成功活動區域圖

鄭成功爲唐王所器重，賜姓朱，時人因稱爲「國姓爺」。他對唐王的信愛，異常感激，故當時唐王遇害，即焚儒服，積極號召群衆抗清。

鄭成功據有廈門、金門，勢力及於閩南沿海一帶。因爲軍紀嚴明，聲勢極壯，遠近歸心，桂王封他爲延平郡王。永曆十三年，趁清軍進攻雲南之際，曾大舉北征，深入長江，圍攻南京。張煌言亦出兵配合，連復皖南郡縣。後鄭成功不幸中清軍緩兵之計，敗於南京城外，退回廈門。張煌言孤掌難鳴，亦退兵亡命海上[3]。此時，桂王已流亡緬甸，鄭成功覺得恢復事業非旦夕可期，乃計畫攻取台灣，作爲長期奮鬥的根據地。

台灣自宋代以後，與中國關係日漸密切。元時，曾於澎湖設官。明代後期，台灣成爲海盜的根據地，鄭芝龍即曾盤踞台灣南部，招徠漢人，對台灣的開發頗有貢獻。鄭芝龍降明後，台灣轉爲荷蘭人占據，明人屢議驅逐，未成事實。鄭成功自江南回師，即以兩萬五千人攻台灣，由鹿耳門（台南市西北）登陸，經過九個月的苦戰，於永曆十五年十二月（西元一六六二年二月），盡逐荷蘭人，克復台灣，使台灣成爲抗清復明的海外基地。明年五月，鄭成功不幸病歿，子經嗣立，明的正朔得以在海外延續。

3 張煌言原擁魯王；於康熙三年，在浙江南田為清兵俘虜，壯烈成仁。

【研究與討論】

一、你對南明抗清的失敗有何看法？

二、研討鄭成功的恢復事業。

第二節　盛清的內政

一、平定三藩

滿清平定中原之後，尚須面對兩股反抗勢力，除了在台灣延續明朝正朔的鄭氏之外，還有滿清內部因封建所發生的三藩問題。

清人入關後，仿效元人滅宋故技，實施以漢制漢的策略，利用明降將為前驅，削平流寇，打擊明朝遺臣的反抗勢力。其中尚可喜、耿仲明、吳三桂均專重兵，受封為王，分鎮廣東、福建與雲南等地。耿仲明早死，子耿繼茂襲爵，合稱為「三藩」。

三藩地廣兵多，計三桂十萬，尙可喜、耿繼茂各兩萬餘，滿清每年耗在三藩的軍餉，高達全國歲入之半，負擔甚重；並且三藩在自己的封地內，有半獨立的主權，日趨驕縱，終成滿清心腹大患。世祖時代，天下未定，尙不敢輕言對付。及聖祖康熙在位，全國大定，乃有削藩之意。康熙十二年（西元一六七三年），尙可喜上書自請歸老，聖祖乘機令其撤藩。這時，耿繼茂已死，子耿精忠襲爵，與吳三桂均不自安，也疏請撤藩，以試探清廷態度。聖祖允其所請，吳三桂等弄巧成拙，遂起兵叛清。

吳三桂起兵後，福建耿精忠、廣東尙之信（尙可喜之子）等先後響應，台灣鄭經也出兵聲援，一時聲勢極為浩大。清因戰略得宜，始轉危為安。聖祖除在陝西、湖北置重兵，阻止吳三桂的主力繼續北上外；另遣大軍進攻江西，切斷吳三桂與耿精忠的聯絡；並使用西洋教士鑄造的大砲，增加摧敵威力。結果，吳三桂集團漸居下風。

吳三桂勢力雖大，卻犯了戰略上與政略上的錯誤，一方面是得到湖南之後，即觀望遷延，妄冀劃江議和，徒遺滿清從容部署的機會；另一方面是行為反覆無常，意圖不明，不足以號召天下，加上集團內部利益不同，行動不一致，遂給滿清各個擊破的機會。反清聯盟因之解體，吳三桂勢力因而衰蹶。

吳三桂病死，其孫世璠退回雲南；康熙二十年，兵敗自殺，爲期九年的三藩之亂，於焉結束。清朝在中國的統治權，至是始告鞏固。

二、清的統馭政策

滿清以少數民族入主中國，其國祚長兩百六十八年，初期文治、武功可媲美漢、唐。其國運昌隆如此，與其統馭政策有密切關係。清室統治中國的手段，採懷柔與高壓相濟之法。

清初的懷柔措施，重要的有下列幾項：一、禮遇明室君臣。禮葬明思宗，徵辟明朝遺臣。二、減輕百姓痛苦。廢除明代的廠、衛特務機構及苛捐雜稅。三、優禮文士。舉行科舉，編纂巨典，可謂竭盡籠絡之能事。

但明代士風，崇尚節義，懷念故國之情特深，不易屈服。因此清廷又採高壓手段，以爲對付：一、薙髮留辮。逼迫漢人接納滿人服飾，摧折漢人氣節。二、禁結盟社。嚴禁士子糾衆盟會，以防止仇清復明思想流傳。三、興文字獄。康、雍、乾三朝，先後三十餘起，任意株連，殺戮甚慘，摧殘士氣最甚。

寬猛互濟實行的結果，清初的漢人士大夫大多爲清室所用。他們的子孫，亦大部分以應舉出仕爲業。顯然，這種統治方式，比僅以高壓強迫就範的手段要高明。

三、盛世的政治

滿清國運，從世祖順治經聖祖康熙、世宗雍正到高宗乾隆而達於極盛。尤其後面三帝，文治武功均極可觀，通稱爲康雍乾盛世，共一百三十四年（西元一六六二－一七九五年），正好占清朝入主中國全部時間的一半。

聖祖康熙性敬謹寬仁，是清朝歷代皇帝中政治作風較寬和的一位。在位六十一年，除減輕賦稅外[4]，又崇獎學術，編纂群書[5]，打擊江南豪紳，使元代以來蓄奴風氣爲之衰微；平定三藩，鞏固統治中國的基礎。康熙晚年爲政寬大，以致廷臣各樹黨援，地方官吏乘機玩法，政風日趨敗壞。

世宗雍正精明刻薄，在位十三年，是清朝歷史上君權極盛的時代。重要措施有嚴刑峻法，鞏固君權；設立軍機處，加強集權；密設緹騎，嚴飭吏治；廢除賤民階級，劃一

4參見本書第十九章第一節之「賦役」一項。
5計修《明史》、《佩文韻府》、《淵鑑類函》、《康熙字典》等數十部。此外，更纂輯《古今圖書集成》一書，至世宗初始完成，共一萬卷。

全民地位；整頓財政，充實府庫。結果，使聖祖末年以來寬縱的弊端爲之矯正，也大大地加強了清朝的統治力。

高宗乾隆爲政，折衷於父、祖的剛柔之間，欲持中道；但他不如聖祖康熙好學，政治能力也不及世宗雍正。他曾仿聖祖康熙編纂典籍[6]，卻也焚書、禁書。他又效世宗雍正厲行君主集權，但黜辱大臣則過之。

高宗乾隆在位六十年，是清代的全盛時期；但由於他好大喜功，虛耗無數帑藏；加上晚年寵信和珅，任令擅權納賄，政治大壞，激起民亂，國勢從此衰落。所以高宗乾隆一朝，也是清代由盛而衰的關鍵。

【研究與討論】

一、研討三藩叛清及失敗的原因。

二、試批評清代的統馭政策。

---

[6] 高宗修纂的典籍甚多，以《四庫全書》最重要。前後九年，蒐羅書籍三千四百餘部，七萬九千餘卷；存目者六千七百餘部，九萬三千餘卷。共繕寫七部收藏，對於書籍的蒐集保存，貢獻甚大。

第三節　清代疆域的形成

一、台灣的平定與開發

鄭成功從荷蘭人手中收回台灣後，積極從事建設，置承天府（今台南市）爲首府，並以重兵戍守金門、廈門兩島，監視大陸。鄭成功死，子鄭經繼承遺志，以陳永華爲謀主，發展農商，提倡文教，保境安民。及三藩之亂起，鄭經亦出兵響應，收有閩南與粵東。終以政治立場與吳三桂不合，利害上與耿精忠、尚之信衝突[7]，兩敗俱傷，喪失新得之地，退回台灣，抑鬱以歿。子鄭克塽立，軍政廢弛。康熙二十二年，清遣降將施琅大舉攻台。澎湖一戰，鄭軍大敗，鄭克塽出降，台灣遂入清朝版圖。翌年，置台灣府，下轄諸羅（嘉義）、台灣（台南）及鳳山三縣，隸屬於福建省。

清納台灣入版圖，初爲海防安全著想，惟大量移民開始陸續進入台灣，其中以閩、

---

7 鄭經奉明正朔，目的在復明；吳三桂自立年號，目的在自建王朝。鄭經擬先取福建、廣東，耿、尚則不容其染指，最少也要限制他的軍事活動範圍。鄭、耿尤為水火。

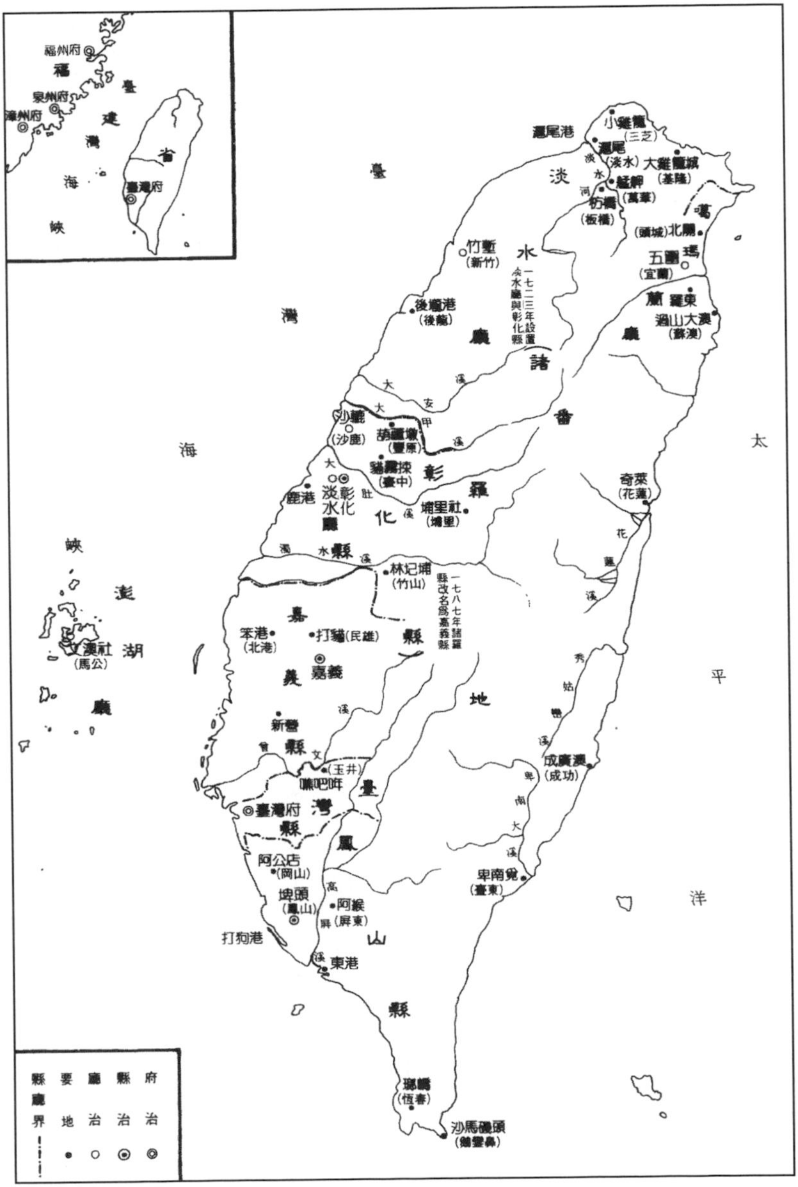
福州府
福
建
省
泉州府
漳州府
臺
灣
海
峽
臺灣府
滬尾港
小雞籠
(三芝)
滬尾
(淡水)
大雞籠城
(基隆)
艋舺
(萬華)
枋橋
(板橋)
淡
水
河
噶
(頭城)北關
瑪
五圍
(宜蘭)
蘭
東
羅
廳
(蘇澳)
竹塹
(新竹)
淡
水
一七二三年設淡水廳與彰化縣
後壠港
(後龍)
廳
諸
大
安
溪
大
甲
溪
沙轆
(沙鹿)
葫蘆墩
(豐原)
貓霧捒
(臺中)
彰
淡水廳
彰化縣
鹿港
大
肚
溪
羅
化
埔里社
(埔里)
番
奇萊
(花蓮)
花
蓮
溪
濁
水
溪
縣
林圮埔
(竹山)
一七八七年諸羅縣改名爲嘉義縣
嘉
笨港
(北港)
打貓(民雄)
嘉義
義
縣
新營
曾
文
溪
(玉井)
噍吧哖
臺
臺灣府
灣
縣
鳳
阿公店
(岡山)
埤頭
(鳳山)
高
屏
溪
阿猴
(屏東)
打狗港
山
東港
縣
瑯嶠
(恆春)
沙馬磯頭
(鵝鑾鼻)
秀
姑
巒
溪
成廣澳
(成功)
卑
南
大
溪
卑南覓
(臺東)
地
太
平
洋
澎
湖
廳
文澳社
(馬公)
府治
縣治
廳治
要地
縣廳界

清初台灣建置圖

粵兩省最多。雍正元年（西元一七二三年），又添設彰化縣及淡水廳（新竹）。漢人在台開墾土地，興建水利，迅向北部及東部發展，艋舺（台北市萬華）很快便成了繁榮的商業中心。嘉慶十七年（西元一八一二年），並在今宜蘭設噶瑪蘭廳。

二、蒙古的綏服

明末，蒙古可分爲漠南、漠北、漠西（天山北路）和青海四部。其中漠北蒙古又稱喀爾喀蒙古，漠西蒙古稱厄魯特蒙古。清兵入關前，漠南已爲其所有。喀爾喀亦向清入貢。康熙年間，再收喀爾喀爲中國的藩部。高宗時，在庫倫設置辦事大臣，加強對漠北蒙古的統治。

高宗乾隆時，厄魯特內亂，清乘勢派兵予以討平，設伊犁將軍總統天山北路。北邊的烏梁海及西邊的哈薩克部亦來歸附。

青海蒙古原是厄魯特蒙古和碩特部的一支，明末遷居來此。清初，服屬於中國。世宗雍正時，叛清獨立，但旋爲討平，清於西寧設辦事大臣統治其地。

三、回疆的平定

回部在天山南路，其民多信仰回教（伊斯蘭教），故回教之和卓（亦即聖裔）極有勢力。明末，汗國勢衰，和卓代起，掌握政教大權。清高宗平定厄魯特時，大和卓及其弟小和卓曾起兵抗拒。乾隆二十五年，兩和卓為清軍所殺，回部乃平，即於喀什噶爾（新疆疏勒）設參贊大臣以節制諸城。至是，合南北路稱為新疆[8]。從此，清朝聲威遠逾蔥嶺以西，浩罕（中亞錫爾河流域）、阿富汗諸國，都來通貢。

四、西藏的內屬

西藏就是唐、宋時代的吐蕃。喇嘛教自唐代傳入吐蕃，日益盛行。元朝崇奉喇嘛教，賦予喇嘛教對吐蕃的統治權，吐蕃因此成為政教合一的國家。

喇嘛初因穿著紅衣，稱為紅教。明初，宗喀巴進行改革，嚴持戒律，禁止妻娶，改穿黃色衣冠，別稱黃教，喇嘛教因告分裂。紅教據後藏，黃教據前藏。宗喀巴死後，他

8 天山兩路早已為我國所有，並非新的疆土，乾隆此舉，意在誇示。

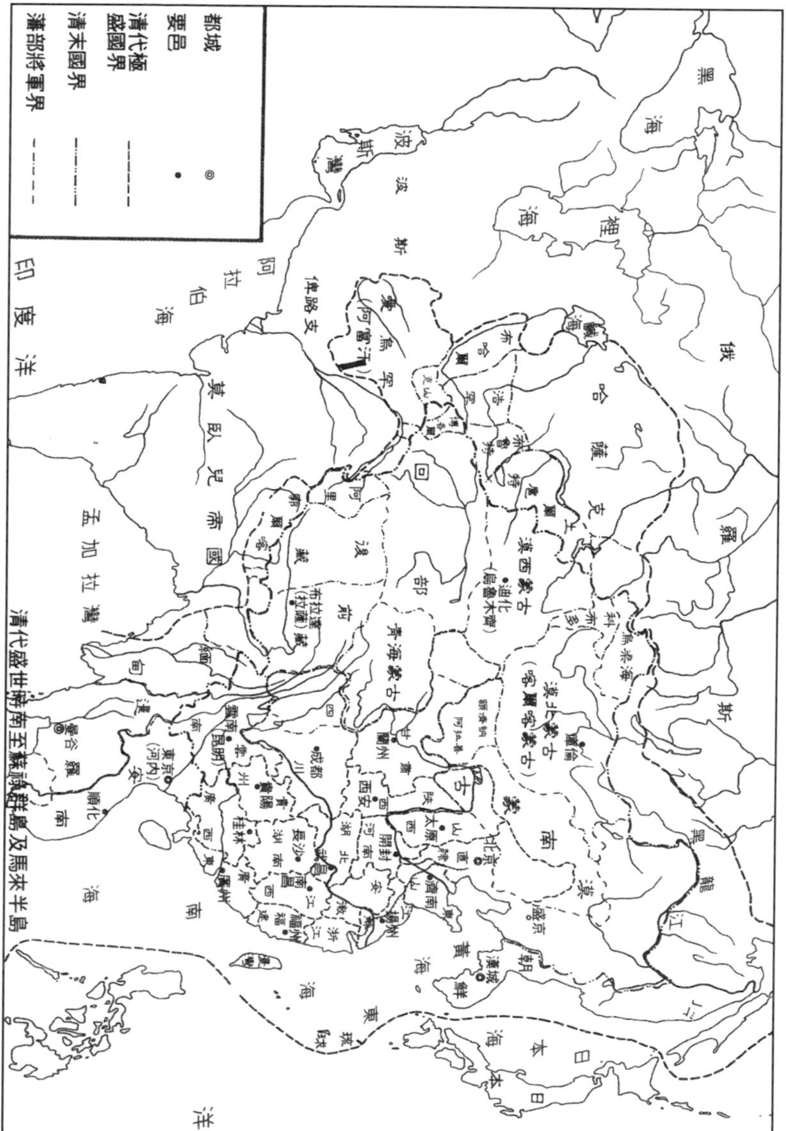

都城
要邑
清代極盛國界
清末國界
藩部將軍界
清代盛世屬南至蘇祿群島及馬來半島
印度洋
阿拉伯海
波斯灣
孟加拉灣
太平洋
黑海
裡海
俄羅斯
哈薩克
日本
朝鮮
黃海
東海
南海

清代盛世疆域圖

的兩大弟子達賴和班禪，世世以化身轉世承襲。明末，黃教的勢力擴張到後藏。此後，即以「達賴」主前藏、「班禪」治後藏，黃教遂遍及全藏。

清世祖康熙時，達賴五世曾親至北京朝覲，接受冊封。世宗雍正初年，始在拉薩設置駐藏辦事大臣，統兵分駐前藏、後藏，正式把西藏收入中國版圖。

五、西南的改土歸流

元曾在雲南、貴州、四川、廣西及兩湖邊地設置土司，授諸蠻夷酋長以官號，世代相襲。明及清初沿承不變。土司在其轄境，有很大的權力。雍正四年（西元一七二六年），在漢人大量移入，而與原住民頻生糾紛的背景下，從雲貴總督鄂爾泰的建議，實行改土歸流，廢除土官，改派流官治理。實施之後，雖有部分地區仍抗命不行，但兩湖土司大致絕跡。其已設治之地，則濡染漢化，文物大開，與內地混同。

六、藩屬的歸附

清初非僅開疆闢土，確定我國今日的版圖，而且對藩屬的經營也甚注意。

㈠朝鮮與琉球

朝鮮與明的關係，異常親切。故在明、清戰爭中，始終助明抗清。清入主中國後，朝鮮仍謀支援明人復國運動。直至晚清，朝鮮因受日本及西洋各國壓迫，始眞誠視清爲宗主國。

琉球自明時爲中國藩屬，清初繼續來貢。康熙初，受清冊封，甚爲恭順。

㈡中南半島三國

安南於明末分裂爲南北兩國。高宗時，先後爲廣南土豪阮文惠兄弟所推翻。乾隆末年，文惠受封爲安南王，安南遂亦臣屬中國。

緬甸初與清朝無甚關係，經常侵犯雲南邊境。乾隆末，因暹羅之攻擊，始遣使入貢，受清冊封。

暹羅與緬甸爲世仇。高宗中期，緬甸出兵占領暹羅，爲華僑鄭昭所逐退，昭遂被擁立爲王，並遣使向清告捷。後暹羅內亂，卻克里奪取王位，並於乾隆末年，冒稱鄭昭之子，以鄭華之名入貢，受封爲暹羅王。卻克里即拉馬一世，爲當今泰國王室的始祖。

㈢廓爾喀

藏、印間的小國尼泊爾，高宗時為來自喀什米爾的廓爾喀族所奪據；於乾隆末年降於清，成為中國的藩屬。不丹、哲孟雄亦皆來貢。

【研究與討論】

一、試述清初經營台灣的經過。
二、研究清初西南改土歸流的情形，並討論其影響。
三、試做一清初藩屬總表。

第十九章
明與盛清的制度社會經濟與文化

第一節　政治制度

一、官制

明、清的中央官制不設宰相，改置內閣，以便皇帝獨攬大權，而達到君主專制的目的，是中國政治制度史上的一大變革。

明初的中央政府，自廢丞相後，皇帝集政務於一身，便置殿、閣大學士為之襄理文墨，備顧問。成祖時，大學士得參機務，而正式有內閣之名。仁宗以後，皇帝多不親政事，閣權漸重，超越六部，其制度益趨於完備。但大學士只有「票擬」[1]之權，一切決定仍在皇帝，權限遠較丞相為小，所以內閣大學士究與丞相不同。

清初官制，大致沿襲明代。但內閣大學士的職權遠不及明代，理由是：一、清代皇帝事必躬親，大權不外假；二、清代軍國重務，不經內閣，初有議政王大臣議奏，雍正

[1] 大學士用小票簽寫意見，貼於章奏之上，進呈皇帝，謂之票擬。

以後，又設有軍機處。

軍機處的設立，初是因用兵西北，故專設此機構，選王公、大臣爲軍機大臣，掌理機密重務。漸至取代閣權，成爲中央最高決策機構。然而與內閣一樣，沒有直接向六部及各省發布命令的權力，仍須稟命於皇帝。

明代地方行政制度，改元代的行中書省爲承宣布政使司（簡稱布政使司或行省），改路爲府，而保留州與縣。承宣布政使司的長官布政使，在避免一官擅權的考慮下，分爲左右。同時採行政、監察、軍務分立辦法，布政使負責行政、財政，按察使掌理監察、刑法，都指揮使主兵事。爲統一事權，遇有特殊事故，臨時也會派遣總督軍務的「總督」，或巡行安撫的「巡撫」，督理其事。中期以後，漸成常設。

清初的地方行政，廢承宣布政使司名稱，逕爲行省。以總督或巡撫爲其長官[2]，下轄布政、按察兩司，布、按遂退爲省級的屬僚單位。省下行道、府、縣三級制。巡撫地位低於總督，但可單獨奏事，直接向中央政府負責，以收互相箝制之效。

2總督如管二省以上，各省並皆設巡撫；如單轄一省，則巡撫不另置。但也有只設巡撫，上面不設總督的。

二、兵制

明代的兵制為衛所制。衛、所多設於軍事衝要之區，區內人民稱軍戶，受衛、所管轄，有當兵的義務，平時農耕、練武，有事由朝廷命將出征。同時，衛以上每省置有都指揮使司，分隸於京師的五軍都督府，聽兵部調發指揮；立意在於集權中央，兵不為將有，頗得唐代府兵制度的遺意。所不同的是：一、府兵兵源，來自府兵區中富有人家的壯丁；衛、所區內男子則皆有當兵的義務；二、府兵有退役年齡；衛、所兵則不但是終身職，而且世代相襲。

清代的兵制，大體可分為八旗兵和綠營兵兩系統。八旗兵是滿洲兵民合一的兵制。初按部族分立為八旗[3]，每旗各置旗主，以治民統兵，戰鬥力極強；入關後，積久腐化，漸不能戰。

綠營是滿清入關後收編的明代軍隊，以綠旗為標幟，以別於八旗。八旗兵腐化後，

3 為清太祖努爾哈赤所創，分為正黃、正白、正紅、正藍、鑲黃、鑲白、鑲紅、鑲藍八旗，每旗七千五百人。

作戰主力轉以綠營為重。但綠營亦非長久可用，高宗末期，川、楚教匪亂起，綠營不堪作戰，惟賴地方團練、鄉勇協助，方得平定。

三、賦役

明代懲元代豪強欺侮貧弱之弊，重定賦役。先造《黃冊》，備載丁與田，並隨時登記變動情形，作為訂定賦役的標準，以消除人民產去稅存之患。又造《魚鱗圖冊》，量度田畝，繪成一圖，分區為冊，狀如魚鱗，作為官廳判決田賦、產權爭執的依據。

人民的負擔，分田租和力役兩種。田租仍分夏、秋繳納；力役則須自備旅費口糧，親身服之，頗為不便。中期以後衛所制度敗壞，逃亡軍戶與避役逃亡之民戶相合，形成流民問題，成為動亂之源。再加以《黃冊》、《魚鱗圖冊》年久失修，賦役之法亦壞。神宗時，張居正乃行「一條鞭法」，將力役折價併於田賦中徵收，無田產者幾無負擔，人力更可自由發展，對明代後期城市經濟繁榮，頗有影響。

清初亦仿明代行一條鞭法。聖祖康熙年間，更詔以康熙五十年的丁數為常額，以後滋生人丁，永不加賦。當時雖視為德政，但日後官員因此限制，每採附加稅辦法，謀增加稅收，使清代財稅反趨於紊亂。

四、科舉與學校

明代科舉，分鄉試、會試、殿試三階段，求仕者於秋間集試於各省，謂之鄉試，錄取的稱爲舉人；舉人和監生於次年春天集試於禮部，謂之會試，中試的稱進士；然後，天子親策於殿廷，以分等第，稱爲殿試。明代考試，限於四書、五經命題，文分八段[4]，各具一定格式，不許自作議論，謂之八股文，通稱制義。這種方法，不如唐、宋詩賦之可以抒發性靈，是實行中央集權的一種手段。清代科舉試士之法，與明朝大致相同。

明初，官學盛而書院衰。地方學校的生員成績優秀者，得入兩京國子監爲監生[5]。明初，監生甚受政府重視，成績優異的可以出任布政使等官。景帝以後，因爲捐錢也可以入監，流品日雜，學校出身遂爲人所輕視。加上仁宗、宣宗以來，取士偏重科舉，官學遂衰，而書院講學之風益盛。清代學制，大體沿襲明代，惟讀書人注重科舉，學校不

4 即破題、承題、起講、提比、虛比、中比、後比和大結八段。

5 監生還有兩個來源，一為會試下第的舉人，一為品官子弟。修業年限為四年。

爲社會所重，幾至名存實亡。其書院也多爲官辦，以學八股文爲主，私辦者甚少。

【研究與討論】

一、何謂內閣制度？明清兩代的內閣制有何重要的差異？
二、研討衛所兵制的優劣點，並與唐代府兵制比較。
三、研討明代賦役制度的演變，及一條鞭法的優缺點。

第二節　社會與經濟

一、社會結構

明清兩代的社會結構，可分士庶、良賤、種族三方面說明。

明清士庶的地位，差別非常懸殊。所謂士庶之分，就是官宦與庶民之分。做官的享有種種特權，日常輿服、禮儀各方面，都有詳細的規定，不容輕易違犯；在司法上，他們也不受普通法律程序的約束，而以天子的旨意爲定奪[6]。不過庶民亦可藉科舉、捐貲等方式來改變地位。

明代的庶民中，又有良賤之分。良民，明代沿襲元代的習慣，依職業定其身分。原則上，戶籍都是世襲的，這種現象，到清代才廢除。賤民地位低於良民。明代晉、陝的「樂戶」、江南的「丐戶」、廣東的「蜑戶」（以船爲家，捕魚爲業。蜑音旦）等皆被視爲賤民。他們不可與良民通婚，不得應舉，不許捐官，惟人數不多。至清世宗雍正年間，始被解放爲良民。賤民之下，又有所謂的奴婢。明代江南富庶，豪富之家沿襲元代，蓄奴之風依舊盛行。至清，由於賦稅減輕，經濟較爲繁榮，賣身投靠者減少，其風始告衰減。

清代以異族入主中原，滿漢之間有種族歧視，故並不平等。政治上，朝廷官員雖是滿漢並置，但首長非滿人莫屬；地方督撫，也大多爲滿人。在一般社會上，他們單獨成區居住，不受州縣衙門的約束，不從事工、商生產，不與漢人通婚（清末始廢）。但滿

6 所有的文職官員和他們的家庭成員，以及監生、貢生、捐貲納監的人物，統稱為縉紳階級。他們或為朝廷的官員，或為地方領袖，是高低階層間溝通的橋樑，對明、清的社會起一定的穩定作用。

人養尊處優，長期依賴漢人的結果，最後卻爲漢人所同化了。

二、社會風尚

明代的風氣，初因太祖朱元璋倡導民族革命，遠紹唐、宋威儀，一時士氣頗振；但隨即因爲文字獄的摧抑、廷杖的凌辱，以及廠、衛的淫虐，逐漸轉失於優柔，以逢迎爲尚。後來東林諸賢，雖砥礪氣節，力圖振作，但終無補於國家社會的復興。

清初士大夫在高壓與懷柔雙重政策下，逐漸流於痲木消沉。中葉以後，明代遺臣堅貞的風範大失。加上學風轉入考證之學，以天下爲己任之精神喪失益甚，士大夫爲之腐化，吏治也跟著敗壞，清朝國勢從此衰落。

三、農業與工業

元末大亂的結果，使得中國人口大減。其後社會長期安定，人口始又迅速增加。至乾隆末年，已高達三億。再往下發展，到道光末年，便打破了四億大關。

爲發展農業經濟，解決人口壓力問題，明清政府大致採取下列幾個措施：一、開墾荒地。明代以後，在洞庭湖地區開闢湖田，極爲成功，至明末，已有「湖廣熟，天下足」之諺。二、移民邊區。明清兩代最重要的移民地區有西南、東北、四川與台灣等地，並有不少人渡海到南洋。三、推廣新作物。繼續推廣早熟稻；明代中葉以後，又自美洲傳入玉米、甘藷與馬鈴薯等作物，增加無數的食源。

明清手工業，繼承前代而更加發達，仍以紡織及製瓷爲最重要。此期工業，有四項特色：一、改工匠的徭役制爲代役稅制。明世宗廢除元代以來工匠輪役的制度，改徵銀兩代替，使得發展工業所需的人力，得到解放。二、機織業與原料生產分離。農戶多從事原料的生產工作，絹帛、棉布的機織，亦已成爲專業化，江、浙是紡織中心。三、棉織業超越絲織業，種棉到明代以普及全國，棉花產量大增，棉布因之超越絹帛。四、瓷器的製造遠遠超越前代。明清爲彩瓷時代，無論產量、技巧及裝飾，均較宋、元爲勝。清初，以琺瑯彩繪於瓷胎上，色澤光豔，尤爲名貴。明清的瓷器以江西景德鎮爲中心。

四、商業與貨幣

明代因國內長期統一、人口增加、農工進步、漕運便利，以及白銀的輸入，商業相當發達。一時商業市鎮紛紛興起，尤以長江三角洲及太湖流域一帶成長最快。入清以後，增加得更爲明顯。江南的市鎮，主要以經營布帛及米糧的貿易爲主。

明清時代，商業觀念開放，商人不但可以捐官，子弟也可以應科舉，地位大為提高。明清國內商業，以山西商人最有名。他們在清代中葉以後，並且支配著全中國的金融事業。沿海貿易則以福建商人最出色。

沿海貿易，明代設有市舶司管理外國商船。清初，因抵制明鄭政權，曾行海禁政策，於海上貿易頗有不良影響。自台灣收入版圖後，重開海禁，沿海貿易始轉盛。在大量鴉片運銷我國之前，我國的對外貿易有大量的出超。

商業的發達，有賴適當貨幣的流通。明初，貨幣仍以紙幣為主，銅錢為輔。及海外貿易發達，白銀大量自外國輸入，而紙幣因發行不當，鈔值低落，遂為白銀所取代，而成為白銀與銅錢並用制度。此後至清，我國一直採用這種銀銅雙本位制。

【研究與討論】

一、試述明清士庶地位的差別。

二、研討玉米、甘藷、馬鈴薯等輸入後，對我國農業經濟及人口成長的影響。

三、明清的手工業有何特色？

四、研討明、清兩代貨幣發展的情形。

第三節　學術與科技

一、理學

明初理學原守程、朱的規範[7]，至英宗時陳獻章（白沙）出，教人端坐澄心，於靜中養出端倪，始轉向陸九淵心學。及王守仁繼起，心學遂大放光芒。

王守仁（西元一四七二—一五二九年），浙江餘姚人，學者稱爲陽明先生。政事、武功、道德均有卓越的表現。他的學說重點有三：一、心即是理。天地萬物均在吾心之中，以吾心爲是非的衡量。二、致良知。眞誠惻隱之心，是爲良知，亦即天理。良知有時會爲物慾所昏蔽，去其昏蔽，便是致良知。三、知行合一。良知是知，致良知是行，必致良知於行事，而後良知之知，方爲完成。

王學提出後，一時傳播極廣，弟子遍天下，成爲明代後半期的學術主流。但王學雖

7 程朱理學，是宋明理學的一派，又稱性理學，有時會被簡稱為理學，與心學相對。是指宋朝以後由程顥、程頤、朱熹等人發展出來的儒家流派。

能發揮個性，卻容易流於放浪自恣；而專談心性，束書不觀，思想也難免限於空疏貧乏。

二、經世之學

由於心學流於空疏浮僞，而晚明又國勢衰敗，兩相激盪，遂起反動，產生明末清初的經世之學。經世學者，認爲學問當求是尚實，有裨國計民生，方是孔、孟的眞傳。他們不但反對蔽塞聰明才智的八股制義，也主張排棄宋、明理學。認爲兩漢經師去古未遠，注說最近眞，直接探討兩漢經學，才能掌握經學的精義，發揮經世致用的效用。這派學者以顧炎武、黃宗羲、王夫之爲代表。

顧炎武治學偏重實務，以明道、救世爲主旨，以歸納、考證爲通經、明道的方法。他尊重證據的態度，使之成爲清代考據學的前驅。黃宗羲強調學術與事功，必須合而爲一，並以經、史爲其根基；尤其必須重視史學，才不致沒有依傍。這使他成爲浙東史學派的開創者。王夫之黜王陽明，崇朱熹，深信知以行爲功，強調行的重要。

三、考據學

清末考據學的興起，一方面來自對宋明理學的反動，欲以博實的經典考證，來闡釋儒家義理的深切涵義，以革除空虛浮僞之弊；一方面則是清廷嚴格控制思想所促成，一般學者爲全身遠禍，紛紛轉趨故紙堆，從事古書的訓詁、音韻、校勘等工作。

乾隆、嘉慶年間，是考據學最發達的時代，以蘇州惠棟和徽州戴震爲代表。兩人爲學皆宗漢學，不同的是，惠棟治經並嚴守漢儒家法，稱吳派；戴震不墨守，惟以客觀實證爲依歸，稱爲皖派。

考據學的方法相當科學，信則傳信，疑則闕疑，對古籍的整理貢獻甚大；但因過重於細瑣名物的考究，於思想的啓發及國計民生的講求，均少裨益。

四、科技

明代及清初傳統的科技學家以李時珍和宋應星最有名。李時珍（西元一五一八—一五九三年）撰有《本草綱目》，收集藥草近兩千種，詳記產地、形色，並載醫方萬則、插圖千幅，是古代中國醫藥學的總成。宋應星（西元一五八七—康熙初年）著《天工開物》，備載所有重要的農業、手工業的生產技術和操作方法，並附有許多珍貴的圖繪，是一部我國前所未見的科技百科全書。

十六世紀中葉以後，西洋耶穌會教士來華，傳入西方最新的科技，對我國此後的科技發展頗有影響。這些傳教士之中，以明代的利瑪竇（Matteo Ricci）、艾儒略（Giulio Alenio）、湯若望（Johann Adam Schall von Bell），及清初的南懷仁（Ferdinand Verbiest）最重要。

約計明清之際傳入的西學，比較重要的有下列各項：一、火器之學。明清政府都曾用西人造砲，並由他們傳授使用的方法。南懷仁撰有《神武圖說》。二、天文曆法之學。利瑪竇曾編著專書，製造天文儀器。湯若望曾修正曆法，取名「時憲曆」，沿用到清末。清初且以西洋教士掌欽天監。三；數學。利瑪竇曾與徐光啓譯《幾何原本》。艾儒略亦有《三角測量》之書。清聖祖因愛西算，曾據西士所編的講義撰《數理精蘊》一書。四、物理學。王徵、鄧玉函（Jean Terenz）著有《遠西奇器圖說》。五、輿地之學。利瑪竇有《萬國輿圖》，後經艾儒略增補，成爲《職方外紀》。康熙時，曾命西洋教士分赴各地測量，繪成《皇輿全覽圖》，是第一部實地測繪的中國地圖。西學的東傳，到了清世宗雍正時，因爲嚴禁西教，爲之中斷，甚爲可惜。

受到西學影響的中國科學家，較有名的除了上述徐光啓等人之外，尚有方以智和梅文鼎諸人。徐光啓（西元一五六二－一六三三年）撰有《農政全書》，除了蒐集許多農業文獻外，並有親身的試驗與觀察，是一部農業科學的大集結。方以智（西元一六一一－一六七一年）著《物理小識》，綜合了我國與西方各種自然科學的知識，論斷時有精義。梅文鼎（西元一六三三－一七二二年）精通中西天文、數學，著作豐富，是清初著名的曆算學家。由於他的努力，喚起了學者對宋、元數學光輝成就的注意。

【研究與討論】

一、試述王守仁學說的要點。
二、討論清代考證學興起的原因。
三、明清之際，西方教士對中國科技有何貢獻？

第四節　史地與文藝

一、史地

明清的史學各有所長，明代優於敘史，清代長於考訂。

明代官修的正史有元史。此外，明代私人所撰的史書，爲數頗多，因爲明代的政令准許私人傳抄實錄，而且明代文人亦多能留心本朝史實；惟在體裁上並無創新。

清代官修的史書有《明史》，係根據萬斯同覆核的史稿所編定，是正史中僅次於四史的佳作。高宗弘曆時代又修有續三通及清三通[8]，皆爲典制史的重要著作。至於私家著述，格於文字獄的淫威，及禁止抄閱實錄，爲數不如明代。但由於考據風氣的影響，在史書的考訂訓釋方面，卻頗有成績。例如顧炎武的《日知錄》及趙翼的《廿二史箚

8 續三通指《續通典》、《續通志》及《續文獻通考》；清三通舊稱皇朝三通，指《皇朝通典》、《皇朝通志》及《皇朝文獻通考》；與三通合稱九通。若加近人劉錦藻所私撰的《續皇朝文獻通考》，則為十通。

記》等，都是極具價值的作品，成爲清代史學的一大特色。此外，章學誠的《文史通義》，善言史法，亦一史學名著。

地理學方面，明清兩代都盛修地方誌，保存豐富的地方資料。明代徐宏祖撰寫《徐霞客遊記》，對地質、水文及自然生態，都有生動而科學的論述。清初學者，多喜治沿革地理，顧炎武首開風氣，撰有《天下郡國利病書》；顧祖禹著《讀史方輿紀要》，暢論各地的地理形勢，更是體大思精。

二、文學

散文、詩、詞發展到明清兩代，已成爲強弩之末，有衰微的趨勢。除了因襲模仿而外，少有創新的精神。明清文學上的最高成就，應推戲曲和小說。

明清的戲曲，以傳奇爲盛，且多爲文人專門作品，特別強調主觀的情感，不似元代之通俗。明代傳奇，自世宗嘉靖末年江蘇崑山魏良輔翻造新調之後，多以「崑曲」演唱，成功地將至情與至美糅爲一體，成爲一種獨具民族特色的藝術，著名的作品有湯顯祖的《牡丹亭》等。清高宗乾隆期間，崑曲漸衰，代之而起的是「亂彈」。亂彈雖包括多種腔調[9]，但以皮黃為主，終而成為我國近代「京戲」中的一種重要樂曲。清代傳奇，如洪昇的《長生殿》和孔尚任的《桃花扇》等都很著名。

小說是明清文學的精華，由宋元話本演進而成。明清小說多由文人撰寫，無論結構與文詞，均已脫離平話階段的粗拙；同時，作家風起雲湧，作品數量也相當可觀。在長篇的章回小說方面，明代較有名的有羅貫中的《三國演義》、施耐庵的《水滸傳》，以及吳承恩的《西遊記》；有人把作者不明的《金瓶梅》加上，合稱四大奇書。清代前期曹雪芹的《紅樓夢》和吳敬梓的《儒林外史》等亦頗著名。在短篇筆記小說方面，明代著名的有三言、二拍[10]，係採輯宋元至明代的話本小說而成；清代則以蒲松齡的《聊齋志異》為代表。

9 包括京腔（北京）、秦腔（陝西）、弋陽腔（江西）、梆子腔（北方各省）、高腔（河北）、二黃腔（湖北黃陂、黃岡）、甘肅腔（即西皮調）及皮黃（由西皮調、二黃腔混合而成）。

10 馮夢龍著《喻世明言》、《警世通言》、《醒世恆言》，合稱三言；凌濛初撰《初刻拍案驚奇》、《二刻拍案驚奇》，簡稱二拍。

三、藝術

明代初期繪畫，繼承元代文人畫寫意的精神，而更求畫面上筆墨的趣味。亦即在構圖上，元人較注意畫面各部分彼此間遠近區分與相互聯繫，而明初畫家則特別喜歡做平面上的裝飾，有富麗端莊、閒暇安宓的特點，以沈周、文徵明為代表。後來董其昌嫌其繁縟與精細，重新強調率意的重要，欲加調和。一時附和者頗眾，造成風氣，對明末及清初的畫風，影響甚大。清初四王[11]，即繼承了董其昌，而形成所謂的「正宗派」。其所謂「個性派」的朱耷（號八大山人，耷音搭）和釋道濟（字石濤），也頗受董其昌的啓示。

明神宗以後，西洋寫實的畫法，隨教士來華而傳入我國。他們講求明暗的烘染技巧，曾為部分畫家所重視，不過並未流行。至清代初期，西洋教士郎世寧（Joseph Castiglione）等，供奉內廷畫院，參合中西畫法，始為我國的繪畫界另啓一條途徑。

我國的書法早有碑體與帖體之分，自唐以後，碑體漸衰。明人的書法，大多以唐宋

11 王時敏、王鑑、王翬、王原祁。

爲宗，重於帖學，所以當時擅長行、草的人很多。清初相沿未改，尤以聖祖康熙喜愛董其昌秀媚古澹的風格，影響最大。乾隆、嘉慶以後，隨著金石考證的昌盛，書家始多從碑體入手，於是篆、隸都有可觀。

【研究與討論】

一、清代史學有何特色？
二、明清文學的精華為何？
三、欣賞倪瓚和沈周的畫，比較元、明畫風的異同。

第二十章 列強的侵凌與內亂

第一節　鴉片戰爭與英法聯軍

一、清代的中衰

清初康熙、雍正、乾隆三朝，內治與武功成就均極輝煌，足媲美於漢、唐，可稱之為盛世，乾隆一朝，更被目為盛世的高峰。但實際上自乾隆中期，已開始由盛轉衰。嘉慶、道光兩朝，更積重難返；政風日壞，軍備廢弛，財政困難，災荒頻仍，民生日趨艱困，內憂外患亦日趨嚴重。

二、中英關係的演進

英國來華貿易雖較葡、西、荷等國為遲，但卻發展迅速，十八世紀後期，已經凌駕各國，居於最重要的地位。

外人對中西互市及中國對外措施有許多不滿：一為交易不自由，須由特設的洋行及洋行合組的公行經理，且洋行又時有虧欠倒閉之事；二為居住行動不自由，須由行商照料管束；三為不許與官府直接往來，須由行商轉達；四為通商口岸僅限廣州，貿易區域狹小；五為外人犯法，須依中國法律問斷，認為太苛；六為稅收既多弊端，稅目又過於繁雜。高宗乾隆五十八年（西元一七九三年），英國派特使馬戛爾尼（George Macartney）前來，請求改善，遭到拒絕。仁宗嘉慶二十一年（西元一八一六年），再遣大使阿美士德（William Amherst）來華，又以不肯行跪拜之禮而被逐回。

英國對華貿易，本來由東印度公司獨占。工業革命產生了許多新的企業家，他們反對東印度公司壟斷，國會終於通過取消該公司的特權，許英人自由來華經商，並於廣州設商務監督。道光十四年（西元一八三四年），第一任監督到粵。兩廣總督不承認其英政府官員身分，命一切仍照舊章。道光十六年，義律（Charles Elliot）任監督，態度轉為積極，而鴉片問題亦起。

三、鴉片問題與林則徐禁菸

鴉片來自域外，雍正年間開始禁止，時年進口不過兩百箱。乾隆中，東印度公司獎勵栽種，大量運銷中國。嘉慶、道光年間，屢頒禁令，但道光十五年後，年進口增至近四萬箱，價值約兩千萬兩。不僅「銀漏」於外，國計民生日艱，抑且「伐性戕生」，人心風俗日壞，一般多主嚴禁。道光十八年，黃爵滋請重治吸食，處以死刑。湖廣總督林則徐力贊其議，認爲「若猶泄泄視之，是使數十年後，中原幾無可以禦敵之兵，且無可以充餉之銀」；宣宗大爲感動，授爲欽差大臣，前往廣東查辦。

林則徐於道光十九年正月抵廣州，限外商於三日內將所有鴉片繳出，出具甘結：永不販運鴉片，一經查出，「貨盡沒官，人即正法」；並包圍「夷館」，停止貿易。義律終於被迫令英人繳出鴉片兩萬餘箱。四月二十二日（陽曆六月三日）開始在虎門海灘銷燬[1]，這便是「六三」禁菸節的由來。

四、中英戰爭與南京條約

英國政府早有以武力打開中國門戶的意向，道光二十年正月，組成遠征軍，以懿律（George Elliot）爲統帥兼全權。五月，英軍到達粵海，隨後攻占定海，進逼大沽口，京師震動。直隸總督琦善無力抵抗，含混允許英人要求，惟須回廣州議訂。於是英艦南

1 林則徐銷燬鴉片，係於海灘掘方塘，前設涵洞，後通水溝，實鹽其中，引水成滷，以鴉片投入，再傾石灰沸之。夕啓涵洞，使其流入海中，隨潮而盡去。

返，宣宗派琦善爲欽差大臣，赴粵談判，將林則徐革職。琦善到粵，時懿律因病辭職，義律繼爲全權，迫琦善與訂《穿鼻草約》：割讓香港，賠款六百萬元，國交平行。清廷否認此約，並下詔宣戰，拏問琦善。

英國方面，以《穿鼻草約》未能達成其預定目標，亦予否認，改派樸鼎查（Henry Pottinger）爲全權，增兵東來。二十一年七月，再度北犯。二十二年，英軍入長江，抵南京。七月，欽差大臣耆英等只有接受英方的條款，與樸鼎查簽訂了一個條約，通稱《南京條約》。主要條款有：一、開廣州、福州、廈門、寧波、上海五口，准英人貿易、居住，並設領事；二、割讓香港；三、廢除公行；四、賠款兩千一百萬元（菸價六百萬元，商欠三百萬元，軍費一千兩百萬元）；五、秉公議訂稅則；六、兩國官員文書往來平行。道光二十三年，耆英復與樸鼎查議訂《中英五口通商章程》，繼又在虎門訂立《南京條約》的續約，亦稱《虎門條約》。領事裁判權、協定關稅、租界、片面最惠國待遇等不平等條款，均見於此兩約中。

五、美法等國訂約

中英訂約後，美、法等國亦要求訂約。道光二十四年，耆英與美國專使顧盛（Caleb

Cushing）在澳門望廈簽訂《中美五口通商章程》，通稱《望廈條約》。法國於中美訂約後不久，亦與中國在黃埔訂立《五口通商章程》，通稱《黃埔條約》。兩國條約大致與英約相同。法約中且有保護天主教條款，並以法使的堅請，中國宣布天主教弛禁。此外，比利時、葡萄牙、荷蘭、西班牙、丹麥、瑞典、普魯士等國，亦均得比照英、美、法之章程，在五口貿易。

六、鴉片戰爭的影響

鴉片戰爭迫使中國與西方國家簽訂不平等條約，權利遭受損失，聲望為之貶抑。但如能因此而深加檢討，改正自己的缺失，效法外人的優長，未始不可形成振興的契機。不幸於戰爭一過，便盡復因循苟安的故習。遂使內而政治愈為腐敗，民生愈趨艱困，社會更形不安，卒有太平天國之起事；外而列強繼續進逼，衝突日增，終至形成英法聯軍的攻擊。

七、英法聯軍的形成

鴉片戰爭改變了中國對外關係，卻未能改變中國人對外的心理，反加深了朝野的憤恨。英人的驕橫使粵民益增反感，廣州進城問題，尤爲雙方所爭執。英國更以《南京條約》並未達到全部開放通商之目的，公使不能入駐北京，鴉片尚未能合法貿易，屢次要求修改條約，並邀美、法共同行動。文宗咸豐六年（西元一八五六年）九月，有懸掛英旗爲華人所有之亞羅號小船，停泊珠江，廣州官兵登船搜捕土匪，拘拏有嫌疑水手，英領事抗議，粵督葉名琛拒絕，問題隨之擴大。

修約不遂爲中英二次戰爭的主因，亞羅事件不過是一項藉口，而修約亦爲美、法所希望。法國素以天主教保護者自居，遂藉口法神父在廣西被殺害，與英聯合。美國認爲中美間無開戰必要，僅允外交支持。俄國雖與英、法爲仇，但爲達成其侵華的野心，不惜與之勾結，相機漁利。於是四國形成合作，軍事行動則僅限英、法。

八、聯軍行動及其結果

咸豐七年，英、法分派專使與軍隊東來，攻陷廣州，粵督葉名琛被俘。八年四月，攻占大沽砲台，逼近天津。朝廷命大學士桂良等赴津議和，五月間，與英、法分別簽訂了《天津條約》，主要條款爲：公使駐京；外人得入內地遊歷傳教；加開牛莊（營口）、登州（煙台）、台灣、淡水、潮州（汕頭）、瓊州爲口岸，長江開鎮江、九江、漢口、江寧爲口岸；確定領事裁判權；修改稅則；賠款英國四百萬兩，法國兩百萬兩；一年後條約在北京互換。中英在上海議訂《通商稅則善後條約》，鴉片得上稅而成合法商品。

咸豐九年五月，英法公使率艦往北京換約，欲通過大沽，攻擊砲台。守軍還擊，英艦遭受重創而去。咸豐十年，增兵來犯，攻陷大沽、天津，進逼北京。文宗逃奔熱河。聯軍進入北京，並將圓明園[2]搶掠焚燬。九月，由恭親王（奕訢）與英法互換《天津條約》，並另訂《北京條約》：添開天津爲通商口岸；割九龍司與英國；准教士在各省租買田地，建造教堂；兩國賠款均增至八百萬兩。

此次戰爭使不平等條約之害又加深一層，外人勢力由海口而進入內地；但因此次戰爭的教訓，而有自強運動的興起。

2 圓明園在北京西郊，為歷代清帝所經營的御苑，周圍三十餘里，內有中式與西式園庭、殿閣、樓台、館榭，有歷代古玩、珍寶、文物，不僅為皇室收藏精華所在，亦為中國文化藝術寶藏；經英法軍搶掠之後，繼之焚燬，大火三日，盡為瓦礫。

【研究與討論】

一、鴉片戰爭前，外人在華通商有哪些不滿？
二、討論中國嚴禁鴉片的原因。
三、《南京條約》的要點為何？繼與英人訂立的《中英五口通商章程》與《虎門條約》中有何不平等條款？
四、闡論英法聯軍的根本原因。
五、比較鴉片戰爭與英法聯軍對我國的影響。

第二節　俄國侵略

一、俄人東侵與《尼布楚條約》

近代中國外患，半起於東南海疆，半來自西北陸上，後者尤爲陰毒凶猛，即爲俄國的鯨吞與蠶食。西元十五世紀末期，俄國脫離了蒙古汗國的統治，開始東進，逐步占領了西伯利亞。清順治元年（西元一六四四年），進入黑龍江北岸之後，築城於尼布楚、雅克薩，到處劫殺，聖祖屢諭制止不聽。康熙二十四年（西元一六八五年），乃派都統彭春率大軍（包括台灣的籐牌兵）攻克雅克薩，毀城而還。不久，俄人又行占領。翌年，聖祖再派兵圍攻，俄國遣使議和。康熙二十八年，雙方在尼布楚訂立條約：一、以格爾必齊河、額爾古納河及外興安嶺爲界；二、俄人退出雅克薩；三、兩國人民不得越界。於是，俄國凶燄暫挫，東北大致得保持完整。

《尼布楚條約》訂立後，俄人一時不敢犯邊。清廷許其通商北京，並予免稅。雍正五年（西元一七二七年），復與訂立《恰克圖條約》：確定外蒙邊界，開恰克圖爲貿易之地，許其在北京設立教堂及派遣留學生來華。因俄人不時違約，乾隆時曾三次關閉恰克圖市場。

二、黑龍江以北的攘奪與《璦琿條約》

鴉片戰爭暴露了中國的弱點。道光二十七年（西元一八四七年），莫拉維也夫（Nikolai Muraviev）被任為東部西伯利亞總督，旋於黑龍江下游及庫頁島築城駐兵。咸豐四年（西元一八五四年），克里米亞戰爭爆發，莫拉維也夫以防英、法為名，率船擅航黑龍江，並闖入中國領土；隨後更移民屯墾、逐步占據。咸豐八年，再趁英法聯軍進逼津沽之際，陳兵璦琿，威迫黑龍江將軍奕山與其訂立《璦琿條約》：一、黑龍江以

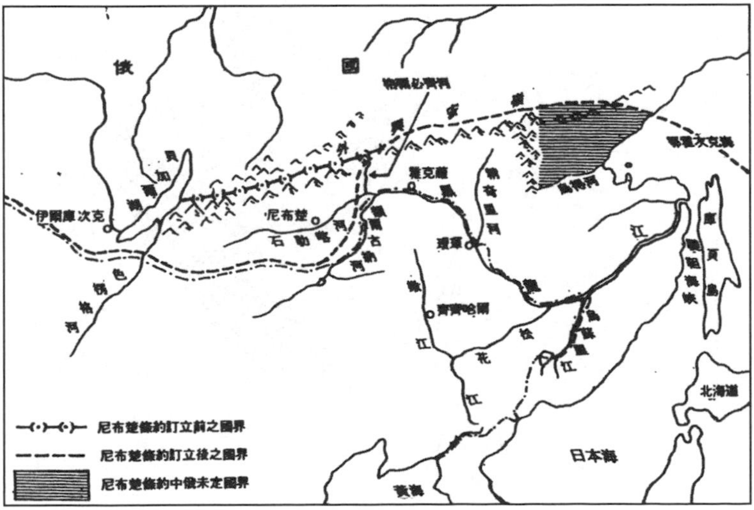

《尼布楚條約》中俄界圖

北之地作為俄屬；二、烏蘇里江以東至海之地由中俄共管；三、俄船得航行黑龍江、烏蘇里江；四、黑龍江北岸精奇里河以南之地，仍歸中國管理。此約使我國在東北喪失廣大的領土。

三、吉林東部的侵占與天津北京條約

《瑷琿條約》訂立前後，正當英法聯軍攻陷大沽進入天津之時。俄使乃利用機會，佯做調人，首先獲得與中國訂立《天津條約》，取得海口通商、最惠國

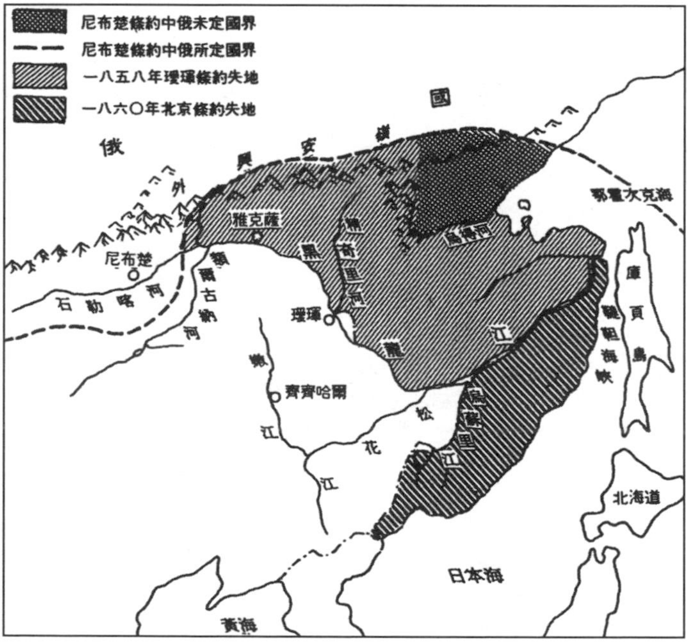

《瑷琿條約》中俄界圖

待遇外，並訂明勘查未定界。所謂未定界，照俄人的解釋，係指吉林以東的地區。

咸豐十年，英法聯軍進入北京，俄使再度趁人之危，施其恫嚇欺詐伎倆。英法和議既成，自謂其調停有功，迫恭親王與訂《北京條約》：一、烏蘇里江以東之地（即吉林東部）歸俄；二、勘定西疆國界；許俄人在庫倫、張家口、喀什噶爾通商。綜計兩年之間，俄人未費一兵一彈，不惟盡得享英、法在中國所獲權利，而且攫得我國東北的土地，其面積比現在東北的九省尚大。

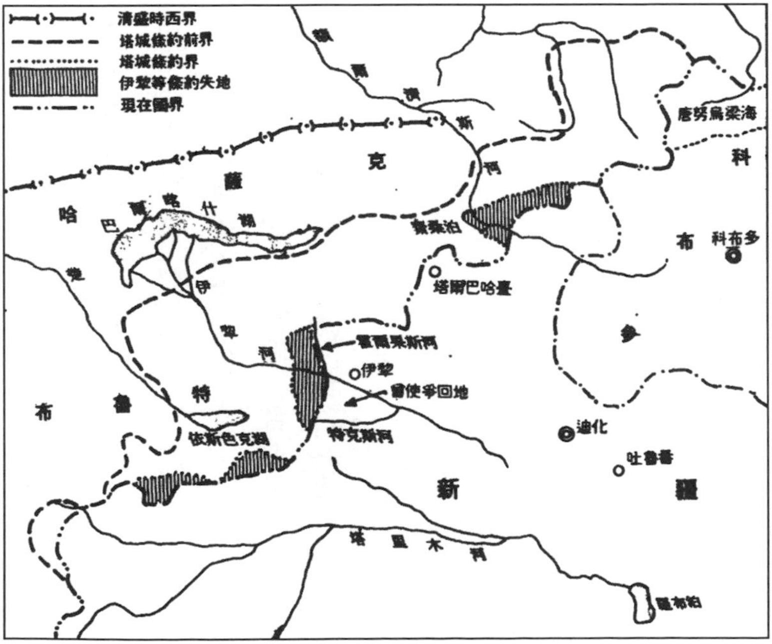

帝俄侵略西北圖

四、西北的侵占

俄人侵略中國，採東西並進，清初已向西北窺伺。咸豐元年（西元一八五一年），中俄訂立《伊塔通商章程》，俄人獲在伊犁、塔城（塔爾巴哈台）通商及設置領事，並劃定地區給俄商居住存貨。咸豐十年的《北京條約》，不僅增加了互市之地，其中勘定西疆國界一項，更據以陸續侵併了我國西北廣大的領土。在俄人脅迫之下，於穆宗同治三年（西元一八六四年），卒與其訂立《塔城界約》，塔城以西的土地，遂爲帝俄所有。

【研究與討論】

一、《尼布楚條約》的內容和影響。
二、《璦琿條約》中中國所受的損失。
三、比較俄國與英法侵略中國的方式。

第三節　太平天國的興亡與捻亂回變

一、天地會與白蓮教的反清運動

明遺臣的抗清戰鬥，雖均失敗，但秘密活動卻未中止。天地會與白蓮教尤不時使清廷感受威脅。鄭成功舉兵之初，曾與同志結義締盟，後經擴大轉變而成天地會；入會者約為兄弟，「誓滅清朝，扶回大明江山」，發展及於長江流域及華南各省。三合會、三點會、哥老會為其別名分支，洪門則為其通稱。自康熙後期，便一再起事。台灣朱一貴之役，聲勢相當浩大。乾隆時，林爽文在台起事，歷時年餘方告平定。其他各省亦屢次發動。

白蓮教原為反元組織，至清代中葉，又轉變為反清。嘉慶元年（西元一七九六年），教徒在荊襄起事，蔓延豫（河南）、川（四川）、陝（陝西）、甘（甘肅）；而以川、楚（湖北邊境）為最烈，故通稱「川楚教亂」，嘉慶九年方完全平定。

嘉慶以後，官吏貪婪欺飾，蔚然成風；人口繁滋，耕地不能配合增加；軍隊廢弛，盜匪充斥。鴉片戰爭的失敗，更使清廷威信損傷，有識者已憂心大亂將至。

二、太平天國的創建

太平天國也是一個以宗教爲號召與羈縻群衆的反清政權。首領洪秀全，廣東花縣人，資質聰慧，幼入私塾讀書，一心想從科舉中取得功名富貴，卻屢試不中，挫折怨憤，竟激起其推翻清朝、自建政權的意念。他曾讀過基督教教士所散發的《勸世良言》[3]，對基督教教義略有一些印象。鴉片戰爭使清廷威信日墜，益增加其信心，便開始創立拜上帝會，稱上帝爲天父，耶穌爲天兄，他是上帝的次子，曾經升天，奉上帝之命，來拯救陷入妖魔邪道的中國人民，做世間的眞主。隨後與馮雲山往廣西活動，幾年之間，竟得許多信徒，楊秀清、蕭朝貴、韋昌輝、石達開成爲他重要的幹部。

道光三十年（西元一八五〇年）洪秀全等在廣西桂平縣的金田村起事。咸豐元年（西元一八五一年）攻占永安州（蒙山），建號太平天國，自稱天王，封楊秀清爲東

3《勸世良言》為基督教徒梁亞發所編印的一本傳教小冊。

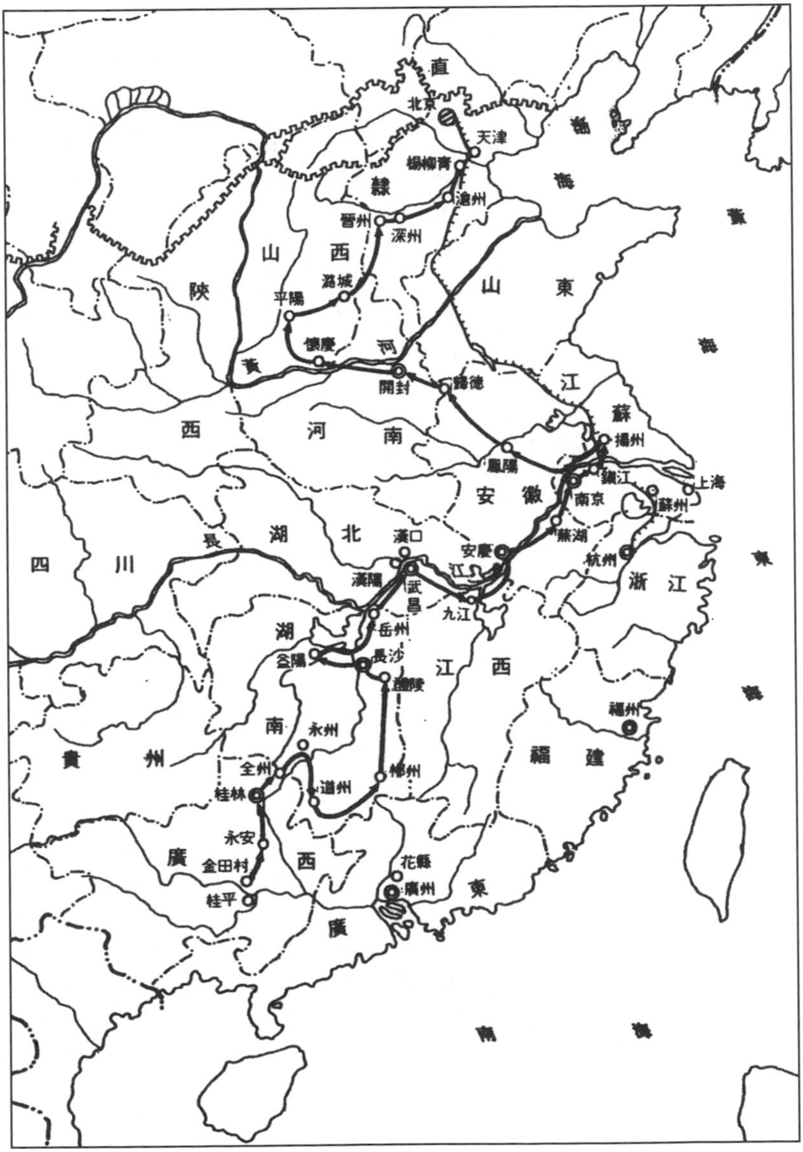
直
隸
北京
天津
楊柳青
滄州
晉州
深州
山
西
陝
潞城
平陽
懷慶
黃
河
開封
歸德
山
東
江
蘇
西
河
南
揚州
鳳陽
鎮江
上海
安
徽
南京
蘇州
蕪湖
長
湖
北
漢口
安慶
杭州
浙
江
四
川
漢陽
武
昌
江
九江
湖
岳州
益陽
長沙
江
西
醴陵
南
永州
福州
福
建
貴
州
全州
郴州
道州
桂林
永安
廣
西
花縣
金田村
廣州
東
桂平
廣

太平天國進兵路線圖

王、蕭朝貴爲西王、馮雲山爲南王、韋昌輝爲北王、石達開爲翼王[4]。翌年，北入湖南，進陷武漢。咸豐三年二月，占領南京，定爲國都，改名天京。五月，遣師北伐，並回師西征。北伐之師，曾迅速進入直隸，北京震動；但以孤軍深入，卒爲清軍所敗，全軍覆沒。西征軍連陷安慶、九江，再占武漢，進入湖南，爲曾國藩湘軍所阻。

三、太平天國的政教制度

太平天國以宗教立國，所有制度無不受其宗教支配。其宗教只是洪秀全爲達成其政治目的，參酌基督教而自創的上帝教，並非基督教。上帝教教條儀式繁苛，違者嚴厲懲處。爲統一信仰，控制思想，不僅各種廟宇在所必毀，即孔孟百家，亦均被視爲妖書邪說，悉予焚燬或刪改。其軍事組織，理論上是兵民合一，壯丁平時爲民，戰時爲兵；實際上其軍隊幾盡爲強迫裹脅而來。中期以後，軍紀敗壞，軍令亦難貫徹。其政治制度爲文武合一，極端專制，形成歷史上罕見的恐怖統治。財經制度的基本理論爲公有共享，財物不許私有，一律繳「聖庫」，所需則由聖庫統一發給。土地概歸公有，施行計口授

4 南王馮雲山、西王蕭朝貴分別戰死於廣西、湖南北進途中。

田，所有收穫，除去所需，一律歸公；惟因太平軍飄忽流竄，未能貫徹施行。社會雖倡平等，但卻階級森嚴，過於歷來朝代。實行男女平等，婦女可應試任官，但均不過爲附屬，諸王且盛置姬妾。

四、太平天國的覆亡

太平天國自起事以來，對清軍有如摧枯拉朽，但自咸豐四年與曾國藩的湘軍遭遇之後，情勢便逐漸轉變。曾國藩，湖南湘鄉人，深受儒家傳統的薰陶，爲一位講求義理、崇尚經世致用的學者與官員。咸豐二年，他奉命幫辦湖南團練，因痛恨洪秀全的殘暴與破壞禮義人倫，決心創建一支有理想、有訓練的新武力，以衛鄉、衛道與衛國。經他振臂一呼，許多書生與鄉農起而響應，便組成了湘軍。咸豐四年，湘軍練成出師，水陸軍萬餘人，肅清湖南，克復武漢，東下抵九江。翌年，太平軍再占武漢，湘軍乃背腹受敵。咸豐六年，太平軍攻破圍困天京的清軍江南大營。但不久天京連續發生內訌，東王楊秀清、北王韋昌輝相繼被殺，翼王石達開亦因遭天王猜忌，翌年出走[5]，太平天國元

[5] 石達開後轉戰於江西、湖南、湖北、廣西、雲南、貴州各省，同治二年，在川省被俘而死。

氣大傷。

咸豐六年十一月，胡林翼等再克武漢，湘軍後方鞏固。咸豐十年，太平軍忠王李秀成等再破重振之江南大營，並占據蘇州、杭州等江南各城。但曾國藩此時已被授爲欽差大臣、兩江總督，總制全局，於咸豐十一年，攻下安慶；繼派左宗棠經略浙江、李鴻章增援上海、曾國荃進薄南京。這時候，外人對太平天國的態度也有轉變，由中立觀望轉而支持清廷。英法軍屢次協助清軍攻擊進犯上海的太平軍；並協助美人華爾（Frederick T. Ward）爲中國編練的常勝軍[6]及李鴻章的淮軍，將太平軍驅出上海附近地區。隨後淮軍會同常勝軍，於同治二年克復蘇州，江南大致底定。浙江方面，左宗棠亦於同治三年，會同常捷軍[7]，收復杭州、湖州，全浙底定。天京所在的南京，經曾國荃數年的圍攻，到同治三年四月，洪秀全自盡；六月，天京陷落。遍擾十八省、破城六百餘、死人數千萬、歷時十四年的太平天國終告覆滅。流竄各地的餘衆，亦陸續被消滅，部分與捻合流。

6 常勝軍為上海地方官紳雇用美人華爾，所召募訓練的一支使用西方武器的軍隊，初稱洋槍隊，後以戰績優良，改稱為常勝軍。

7 常捷軍為法國軍官仿常勝軍在浙江代為募練的軍隊之一，曾協助左宗棠軍作戰。

五、敗亡的原因及影響

太平天國起事後曾盛極一時，但卒歸失敗，原因雖多，主要爲其愚妄殘暴，措施荒謬，違背歷史文化與人性情理，引起一般知識分子與社會大衆極大的反感。曾國藩輩奮鬥的動機在此，其致勝的關鍵亦在此。至其影響，則主要爲漢人政治地位提高，滿人勢力減弱，與民族意識的再度興起。

六、捻亂與回變

捻由來已久。太平軍占南京，捻受其鼓舞，大起於豫皖之交，並與通聲氣。迨天京陷落，江淮間太平軍與捻合流，以賴文光、張宗禹、任柱等爲首，行動飄忽，出沒於豫、皖、鄂、蘇、魯間。同治四年，曾國藩奉命督師，採圍堵戰略，捻突破其防線，張宗禹入陝西，是爲西捻；賴文光、任柱留中原，是爲東捻。國藩自請解職，由李鴻章繼之。同治六年，捻入山東，主力被殲於魯、蘇之交，東捻平。西捻亦於同治七年，爲左宗棠、李鴻章聯合殲滅於魯西，捻亂全定。

回變於咸豐六年（西元一八五六年）先起於雲南，以馬如龍、杜文秀勢力最大。馬據有滇中，嚴重威脅省城。杜據有滇西，在大理稱號建制，並招納漢人參加，頗具規模。同治元年，馬被招降，文秀勢孤，同治十二年完全平定。

陝、甘的回變起於同治元年。新疆則於同治三年，天山南路、天山北路均起事。南路回久攻喀什噶爾漢城不下，乞援於中亞的浩罕。浩罕王遣部將阿古柏（Yakul Beg）東來。數年之間，據有天山南路，進而呑併北路，建立一回教汗國，獲得英、俄的承認。

七、左宗棠平定西北回亂與新疆建省

為應付西北亂事，清廷於同治五年，調左宗棠為陝甘總督。左先剿平西捻，再擊破陝回，而後進軍甘肅。同治十二年，隴省全定。左壯志未已，決心收復新疆。其時正當日本侵台前後，李鴻章力主停止西征以加強海防。左宗棠則認為：重新疆者所以保蒙古，保蒙古者所以衛京師；卒獲朝廷支持。德宗光緒二年（西元一八七六年），大軍出關，以劉錦棠部湘軍為主力，克迪化，收復天山北路。翌年，踰天山南征，阿古柏兵敗自盡，失陷十餘年的新疆終得重入版圖；並於光緒十年，設為行省。

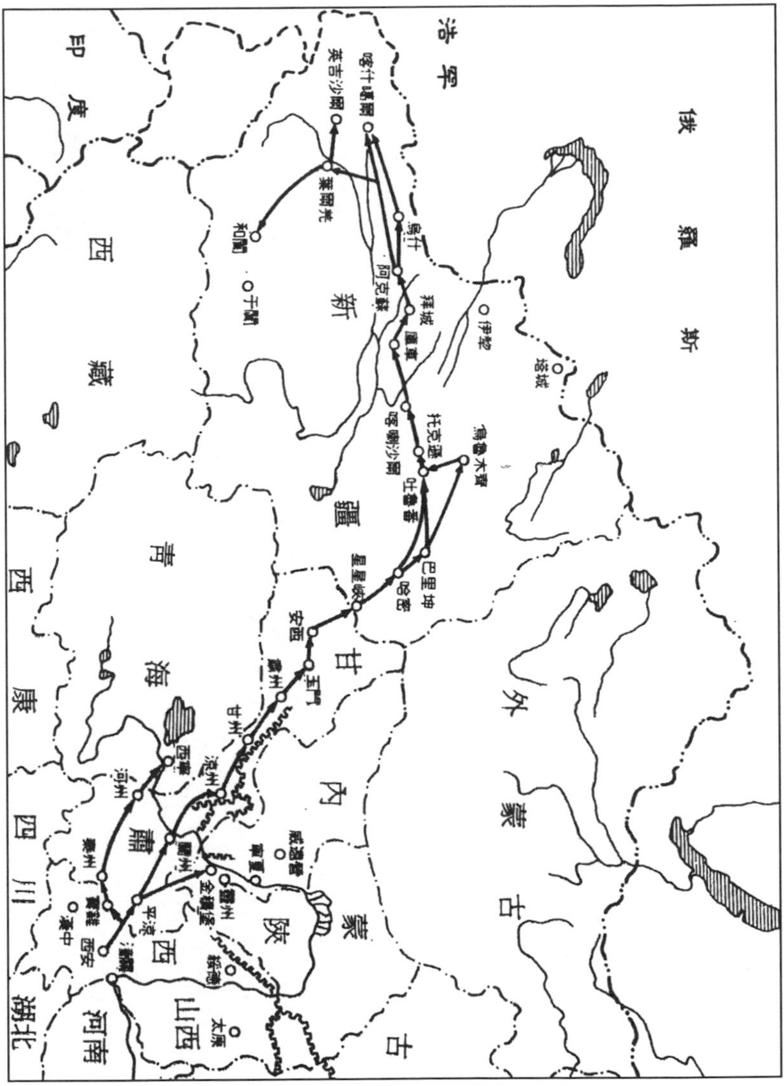
俄羅斯
浩罕
印度
西藏
新疆
青海
甘肅
陝西
山西
河南
湖北
四川
西康
外蒙古
內蒙古
喀什噶爾
英吉沙爾
葉爾羌
和闐
于闐
烏什
阿克蘇
拜城
庫車
伊犁
塔城
喀喇沙爾
托克遜
烏魯木齊
吐魯番
巴里坤
哈密
星星峽
安西
肅州
玉門
甘州
涼州
西寧
河州
蘭州
秦州
寶雞
漢中
西安
潼關
平涼
金積堡
靈州
寧夏
綏德
太原

左宗棠西征圖

【研究與討論】

一、太平天國興起的原因。
二、檢討太平天國的宗教與政軍財經制度的得失。
三、湘軍所以能戰勝太平天國，其關鍵因素為何？
四、太平天國的影響為何？
五、試述左宗棠西征的成就。

第二十一章

自強運動

第一節　模仿西法與洋務建樹

一、時代的新認識

鴉片戰爭雖然開啓了中西關係的轉變，但當時對此能夠深入覺察的人，卻寥寥可數。林則徐建議仿製西方船砲，魏源呼籲「師夷長技以制夷」均未被當局重視。直到英法聯軍進入北京，朝野震撼；復因與外人接觸增多，覺察到外人的優長，乃知中國非有所更張，不足以扭轉危局。遂在中央的恭親王奕訢、軍機大臣文祥與地方督撫曾國藩、李鴻章、左宗棠等呼應配合之下，形成了同光年間以模仿西法爲主要途徑的自強運動。

二、講求外交——總理衙門的成立

總理各國事務衙門，通稱總理衙門，亦簡稱總署，成立於咸豐十年（西元一八六一年一月）。總署本爲辦理外交，後卻成爲所有洋務事業的中樞。於本署之外，尙有分駐在外的南洋、北洋通商大臣，出使各國大臣（即公使）與附屬機構海關總稅務司與同文館。

南洋與北洋通商大臣，通常由兩江總督和直隸總督兼領，主要為辦理各口通商與交涉事務，有時亦代表總理衙門與各國辦理外交。出使大臣的派遣，曾經過相當的醞釀。光緒二年（西元一八七六年），始設駐英大臣，隨之於美、日、俄、德、法亦設置使館。海關總稅務司設立於咸豐十年，以英人任此職。海關重要職員幾一律用外人，總理衙門無法充分控制。同文館本為培養外國語文人才，用以從事翻譯，協助辦理外交而設立，同治元年（西元一八六二年），成立於京師。隨後，上海、廣州也奏准設立[1]。畢業生除服務總理衙門與駐外使領館外，並分布於一般洋務機構與新式工商企業。

三、增強國防——船砲製造與陸海軍編練

同治初，李鴻章於上海設廠製造槍砲；同治四年，曾國藩向美國購置的一批機器到達，李鴻章乃將舊廠予以擴充，成立江南機器製造局。金陵、天津機器局相繼設立。左宗棠則於同治五年籌設船政局於福州，由沈葆楨主持，並附設船政學堂。江南局製造軍

1上海設立的稱廣方言館，廣州設立的稱同文館。

械並修造輪船，船政局專造輪船，金陵、天津兩局則專造軍械。

新式陸軍編練，於咸豐十年，已經小規模試行，而後漸爲推廣，最重要者爲李鴻章之淮軍。李鴻章於同治元年（西元一八六二年）奉命援滬，甫到上海，即聘外國軍官教練洋操，換用洋槍。劉銘傳部尤能認眞接受，故淮軍中銘軍戰力最強。新式海軍的構想，咸豐十年已開始。同治十三年，日軍侵台，給予中國甚大的刺激。於是，以沈葆楨爲兩江總督，與直隸總督李鴻章分別負責南洋、北洋的海防建設，但以經費所限，先以北洋爲重心。李鴻章向英、德訂造軍艦，設立天津水師學堂，延用洋員及留學英法海軍學生，籌建船塢砲台。中法戰爭爲另一次重大教訓，故於光緒十一年（西元一八八五年），設立海軍事務衙門，加強北洋海軍。越三年，北洋艦隊成，軍容整盛；但此後即停滯不進，經費常告不足，又多爲慈禧所挪用，不能再增新艦，風紀亦漸敗壞。這是甲午戰爭失敗的一項重要原因。

四、交通工礦建設

自五口通商後，以香港爲中心的英國輪船，已使中國舊式運船無法與之競爭。北洋與長江開港後，情形更爲嚴重。爲挽回利權，振興民生，李鴻章於同治十一年，創辦輪船招商局，從事新式航業發展，其後航線擴展至海外。鐵路則於光緒六年，開始修築直隸唐山至胥各莊間的鐵路，以運煤炭；十四年延至津沽。台灣鐵路，亦在劉銘傳主持下開始興築。設立電線，始於同治十三年。因日軍侵台，沈葆楨擬建立由福州經廈門至台灣的電線，先裝福廈間陸線，但屢遭百姓拆毀，僅餘福州至羅星塔一段，此爲中國最早之自有電線。其餘器材，由丁日昌運台，架設了台灣府城至安平及旗後的電線。李鴻章修建天津、上海間電線，光緒七年竣工，不久發展至全國各要地。

機器採礦，始於光緒元年，沈葆楨奏准在基隆煤礦試行。三年，設開平礦務局，產煤供中外輪船與各機器局使用。工業以煉鐵與紡織爲著。漢陽鐵廠爲張之洞所創設，光緒十九年完成。紡織最早建立者爲毛紡廠，始於同治十年。棉紡則始於光緒八年李鴻章成立的上海機器織布局；繼之有張之洞的湖北織布局等。

五、西學與新式教育的推廣

北京同文館爲我國最早自辦的新式學堂，逐漸發展爲中等以至專科程度的學校。江南製造局附設的機器學堂，有類後來的工業職業學校。福州船政局的學堂，分別學習製造與駕駛，略似後來的海軍機校與官校。其他如福州的電報學堂、天津的水師學堂、廣州的實學館等，均爲從事西學、西藝教育的學校。基督教教會亦辦理不少的學校。派遣學生到國外直接學習，以同治末年的一百二十名幼童，官費往美國爲其開端。光緒二年，李鴻章派陸軍武官赴德國見習。三年，船政局派學生分赴英、法學習輪船駕駛、製造，這批學生後多爲海軍重要幹部。

翻譯西書，除外國教士頗有貢獻外，國人亦相當積極。林則徐在粵禁菸時，即曾請人譯《四洲志》等書。咸豐年間，算學家李善蘭與外人合作，翻譯《幾何原本》後部[2]及《談天》、《重學》等書。同光年間，北京同文館、江南製造局均大量從事翻譯。此一時期的翻譯，所選的書，若干並非一流；主譯的西人，未必專精，筆述的華人知識更嫌不足。但他們卻能憑其理想與熱情，將數百部西方的典籍譯成中文，使中國讀書人眼界因此擴大，觀念因此改變。

六、自強運動的檢討

自強運動自咸豐十年（西元一八六〇年）英法聯軍結束，迄光緒二十年（西元

2明末徐光啓、利瑪竇譯者為前部。

一八九四年）中日戰爭爆發，歷時三十餘年，於圖強雪恥的目標，顯然並沒有達成。主要的原因，約有以下三項：

㈠倡導者的識見有限

不論奕訢、曾國藩、李鴻章、左宗棠，以至後起的張之洞等，對西方國家何以能致其富強，都沒有深入的認識。不知道工藝的發展必須有科學的基礎，經濟與國防建設不能沒有政治的配合。一切經營，僅止以軍事爲中心，很難成功。

㈡保守反對者多

一般士大夫，或妄自尊大，不屑於向外人學習；或囿於見聞，認爲萬事莫不美備於中國；或慮機器使用，將使農工失業；或憂大量生產，人民將習於怠惰；或恐鐵路遍通，將破壞廬墓風水。一般社會大衆，則習於苟安，亦不願輕易變革。

㈢缺少通盤計畫與相互合作

由於阻力強大，自強運動無法在中央做成決策，令全國一致推行。僅由少數開明的督撫，在其所轄地區，擇要舉辦，已經發展不易。而各主辦者之間，亦不能顧及全局，分工而合作，如李鴻章、左宗棠、張之洞都各有其自己的領域，上海、福州與武漢的新式事業，恆各自為政，互不相謀，更形成其孤立無助，有時且有牴觸與衝突，發展自更困難。

雖然如此，自強運動仍然有其貢獻。一則毅然模仿西法，創辦各種新式事業，使中國開始步入近代化的途程；再則這些新式的事業，不僅對當時國家迫切的需要，給予相當的支應，更為日後近代化的推進，提供了重要的基礎——包括觀念、制度與人才各方面。

【研究與討論】

一、自強運動興起的背景。
二、總理衙門與自強運動的關係。
三、清季譯書的情形及其貢獻。
四、分析自強運動未能達成預期目標的原因。

第二節　台灣的近代化建設

一、台灣開發的演變

清廷對台灣開發，自康熙二十二年（西元一六八三年）收入版圖，鄰近的閩粵之人來台者源源相繼，開啓台灣的大開墾時代。明鄭末期，台灣漢人約二十餘萬，到嘉慶十六年，已達兩百萬。墾殖的區域，亦由僅在嘉義至高雄間的平原地帶，逐漸達於新竹、台北及宜蘭；行政區劃也由起初的台灣、鳳山、諸羅（後改嘉義）三縣，增加了嘉義以北的彰化縣、大甲以北的淡水廳及宜蘭平原的噶瑪蘭廳，此種開拓與成就，主要是靠民間的力量，如施世榜等於彰化，王世傑、林紹賢等於新竹，楊道弘、林成祖等於台北，吳沙於宜蘭地區的開發，都有很大的貢獻。嘉慶、道光以降，墾殖益廣，仍由民間主導。直到同治初年，台灣正式開港通商，列強勢力進入，清廷方轉而重視。尤其是同治十三年（西元一八七四年）日軍侵台之後，清廷派沈葆楨、丁日昌、劉銘傳等相繼來台，積極策劃經營，遂不僅得於光緒十一年（西元一八八五年）宣布設爲行省，各項近代化的建設亦蒸蒸日上。

二、沈葆楨的擘劃經營

日本犯台，促起了我國對海防全面檢討，也促成了朝野對台灣的特別重視。當時奉命以欽差大臣來台查辦的船政大臣沈葆楨認爲：就一地而言，「台地向稱饒沃，久爲他族所垂涎，今雖外患暫平，旁人仍眈眈而視」；就全局而言，「台灣海外孤懸，七省以爲門戶」，故主積極推動近代化建設，李鴻章力予贊助。

沈葆楨於同治十三年及光緒元年，先後兩次來台，停留雖不過年餘，卻於台灣的近代化，有許多建樹。重要的項目有：

一、開山通道，撫綏「生番」：開路分南、北、中三路進行。平路以寬一丈爲度，山徑則以六尺爲準，先後完成六百餘里。沿途築堡設屯，募民墾種。撫「番」則安良伐逆，安定「番」業，設立「番」學。

二、廢除內地人民渡台禁例：設局招徠，免費乘船，並供給口糧、耕牛、農具、種子。

三、增置郡縣：將原來的一府四縣三廳，擴增爲二府八縣四廳。

四、推行自強新政：以機器開採基隆煤礦，備置輪船航行閩台間，於安平建新式砲台（億載金城）。

另外，他不避清廷的諱忌，毅然與閩省督撫共同具名，奏准為鄭成功追謚建祠，列入祀典，以緬懷其志節胸懷，並勵正風俗人心。

三、丁日昌的繼續推進

於沈葆楨之後來台籌劃建設的大員，為福建巡撫丁日昌。丁氏於台灣在國防上的重要，早有認識。同治七年，建議設立輪船水師，將沿海分為北洋、中洋、南洋三個軍區，其中南洋軍區即以台灣為基地。同治十三年，籌議海防，又提出在台灣設立大造船廠與開採礦藏的建議。及接任閩撫，於光緒二年十一月來台，三年四月方回福州。他巡視台灣北路，由雞籠（基隆）至後山蘇澳，然後折回艋舺（萬華）；再南下歷竹塹（新竹）、彰化、嘉義而至台灣府城；繼勘查南路，達於恆春；並巡視澎湖；所經路途，多向來大吏所未到。他整飭吏治，撫綏「生番」；於墾務，繼續鼓勵內地人民來台從事，並試行推廣經濟作物如茶及咖啡等；於礦務，鼓勵煤鐵探採，並籌劃開採石油；於交通，完成台灣府城到安平與旗後間電線，並籌劃建築鐵路、浚深港口；於防務，建議購置鐵甲艦、訓練水雷軍、建立機器局。

四、劉銘傳的積極建樹

台灣建省，為劉銘傳駐台期間所完成；台灣成為當時推行近代化的模範省，更是劉銘傳擘劃經營的成果。於中法戰爭之際，光緒十年，他奉命以巡撫銜來台督辦軍務。「短衣草履，親拊循士卒，弔死問疾，與同飲食，將士感奮」，卒得拒退進犯之法軍。戰爭結束，奉命以福建巡撫留台辦理善後。光緒十一年九月五日（西元一八八五年十月十二日），朝廷諭旨設台灣為行省，並任劉銘傳為首任巡撫。惟劉銘傳以為建省的條件尚未充備，應先行籌辦。到光緒十三年，方正式施行。

劉銘傳是近代中國一位傑出的人物，對建設台灣，起始即有宏偉的抱負；決心以「台灣一隅之設施，為全國之範」，再「以一島基國之富強」。他在台的重要措施：

一、撫大安撫原住民，改善其生活，劃明地界，不許軍民侵凌。興辦教育，於台北設「番」學堂，與衣食，課以算學、漢文、官話、台語及起居禮儀。

二、續增郡縣，除原已增設的台北府外，又將台灣府改為台南府，另於中部置台灣府，並擬作為省會。全省增至三府、一州（直隸州）、三廳、十一縣。

三、清理賦稅，整頓財政，使台省之財，足供台省之用。

四、發展交通礦業，興建縱貫鐵路。基隆、台北一段，於光緒十七年通車；台北、新竹之間，也於光緒十九年竣工。輪船先後添置八艘，航線遠達南洋。電線連接南北，及於福建。擴充基隆煤礦。

五、推廣農業，提倡種茶、植棉、栽桑、養蠶，並加強水利灌溉。

六、創辦新式學校——電報學堂、中西學堂，以培育自強新政人才。

劉銘傳主持省政六年，使台灣向富強的目標邁進，成績輝煌，全國首屈一指，爲台灣近代化奠定了相當的基礎。

【研究與討論】

一、比較沈葆楨、丁日昌、劉銘傳對台灣重要性的認識。

二、列舉上述三人對台灣建設的貢獻。

第二十二章

邊疆藩屬的喪失與甲午戰爭

第一節　邊疆藩屬的喪失

一、俄侵伊犁

俄國侵略我國，一直處心積慮，伺機而動。新疆發生回亂，乃於同治十年（西元一八七一年），派兵占據伊犁。及左宗棠收復新疆，清廷派完顏崇厚赴俄交涉。完顏崇厚庸懦無能，於光緒五年（西元一八七九年），擅行與俄人訂立條約，伊犁的沃區險要全為俄有，並賠款及擴大通商範圍，僅收回一伊犁孤城。清廷不承認此約，並將完顏崇厚治罪，改派出使英法大臣曾紀澤赴俄續議。光緒七年（西元一八八一年），重訂條約，爭回伊犁附近失地。此約雖較，崇厚所訂挽回不少，但西北門戶仍然從此洞開。

二、日軍侵台與併吞琉球

琉球一向為中國屬國。同治十年（西元一八七一年），有琉球人遭颶風漂流至台灣南端，其中五十四名被原住民殺害。事本與日本無關，但日本於同治十一年，片面冊封琉球王為藩王。同治十三年，藉口保護藩屬人民，遽然派兵侵台，自琅嶠（恆春）登陸，到處肆意燒殺，原住民曾壯烈抵抗。清廷派福州船政大臣沈葆楨為欽差大臣，率軍艦來台查辦，並調陸軍來台支援。最後，雙方在北京訂立專約解決。約中有日本此次行動為「保民義舉」字樣，中國給與受難琉民家屬撫恤銀十萬兩，補償日軍在台修築道路房舍等銀四十萬兩。此使日本日後謂清廷已承認琉球為其所有；亦顯示清廷寧願以金錢換取和平，而怯於以武力與侵犯領土者對抗。

日本既已強迫冊封琉王，於光緒元年，復派兵進駐，並阻止其向中國朝貢。光緒五年，更予吞併，改其國為沖繩縣。我國雖一再抗議交涉，均無結果，遂成一懸案。

三、中法戰爭與越南淪法

越南自秦而後，或為我國領土，或為我國屬邦。清初接受冊封，經常遣使朝貢。十七世紀後，法國勢力侵入。咸豐、同治年間，法軍盡占南圻（下交阯）。繼進而覬覦北圻，謀航行紅河（富良江），通商雲南。同治十二年（西元一八七三年），法軍占據河內。此時廣西天地會餘黨劉永福的黑旗軍屯駐越邊，受越南之請，出而抗法，大敗法軍，擊斃法將安鄴（Francis Garnier）。翌年，法、越議和，法將河內交還。但另迫越南與訂《西貢條約》，使越南實際已成爲法之保護國。

法爲完全控制越南，於光緒七年（西元一八八一年），禁止越南向中國朝貢。八年，法軍再占河內，清廷乃命滇（雲南）、桂（廣西）軍開入北越。九年，劉永福獲清軍援助，二次進攻河內，斃法將李維業（H. Rivière）。法增援反攻，滇、桂軍亦假黑旗軍旗號參戰。法爲迫使中國讓步，將戰場擴延到中國沿海。十年六月，法艦砲轟基隆。七月，突襲我閩海艦隊與馬尾船廠。八月，攻陷基隆。翌年初，並進逼台北，占據澎湖。此時我軍在越北迭獲勝仗。但不久，中法在天津簽訂和約，越南正式爲法所有。

四、中英滇案與英併緬甸

緬甸自東漢時，已爲中國藩屬。清乾隆時，訂有十年一貢之例。道光、咸豐年間，英國印度總督屢派兵侵緬，占據其大部領土，並欲由緬境進入雲南通商。光緒元年，英派探測隊經緬入滇，英駐北京公使派翻譯馬嘉理（Augustus Margary）取道湘黔往滇緬邊境相迎。馬嘉理在蠻允被殺。英使藉此向我提出種種要求。光緒二年，與訂《煙台條約》：賠款、謝罪、懲凶，並允雲南通商，增開重慶等處爲通商口岸。

及法占越南，光緒十一年，英又藉口緬甸侵害英商，派兵攻入緬京，俘虜緬王，宣布緬甸屬於英國，中國抗議無效。次年，中、英訂約，中國承認英在緬權利，會勘滇緬邊界，另議滇緬商約。其後雖多次勘界，並訂界務條約，但邊界迄未劃清。

【研究與討論】

一、日本侵台對我國的影響。
二、何以琉球問題成為一個懸案？
三、檢討中法戰爭清廷因應的得失。

第二節　甲午戰爭與台澎割讓

一、朝鮮問題的演變

日本明治維新，力倡「尊王攘夷」。尊王是鞏固皇權，以加強國家的統一；攘夷是抗拒歐美，力謀國家的強盛。對中國則積極進行侵略，一面南擾台灣，呑併琉球；一面西圖朝鮮，進而窺伺大陸。犯台之前，已高唱所謂「征韓論」。台事甫定，便藉口日船在江華島被擊，於光緒二年，迫朝鮮與其訂立條約，明訂「朝鮮爲自主之邦」，以否定中國的宗主權。之後，李鴻章爲牽制日本，先後介紹美、英、德、俄、法諸國，與朝鮮訂約，並由朝鮮申明其爲中國屬邦，以鞏固中國之宗主權。

時朝鮮政府分爲兩派，國王之父大院君（李昰應）爲舊派首領，主親華；王妃閔氏爲新派首領，主親日。光緒八年，大院君發動兵變，日本使館被焚。中國派兵代爲平亂；日本則出兵迫朝鮮再與立約，除懲凶、撫恤、賠款外，並許日本派兵保護使館。從此中日均在韓國駐兵。光緒十年，日使趁中法戰爭，煽動朝鮮親日派發動政變，奪據王宮，殺害親華諸大臣，但旋爲我駐韓將領袁世凱等平定。次年，中日訂立《天津條約》：兩國均撤退駐韓軍隊，將來如須派兵，應互爲知照。經前次韓亂，李鴻章對韓政策轉趨積極，設駐韓委員，訓練裝備韓軍。及中、日撤兵，俄國乃乘隙而入。李鴻章派袁世凱爲駐韓委員，排除俄國陰謀，並指導協助韓國的外交與財經，中韓宗藩關係一時得以加強。

二、中日戰爭

光緒二十年（西元一八九四年），歲次甲午，朝鮮東學黨作亂，中國應其國王之請，派兵前往，並依《天津條約》，通知日本。日本正欲生事，即以保護使館商僑為名，大舉出兵，蓄意發動戰爭。六月，日軍悍然占領漢城；在豐島對我突襲，擊沉我運兵船，陸上則攻擊我牙山駐軍。七月一日，中日宣戰。

戰爭開始後，我陸、海戰均敗。陸戰日軍於八月占平壤，九月渡鴨綠江，陷大連、旅順。二十一年二月，我遼東盡失。海軍則於二十年八月，大東溝附近黃海之戰，我艦十二艘五沉七傷。二十一年，日軍復攻入威海衛，北洋殘餘之艦隊盡燬。

平壤、黃海戰敗，和議開始醞釀。光緒二十一年二月，李鴻章奉派以全權大臣名義赴日，與日全權大臣伊藤博文會於馬關。伊藤堅持日方所提條款，毫不放鬆。鴻章只得報請清廷接受。三月二十三日（西元一八九五年四月十七日），條約簽字。要點為：一、朝鮮自主；二、割讓遼東半島、台灣、澎湖；三、賠款兩萬萬兩；四、開蘇州、杭州、沙市、重慶為通商口岸；五、日人得在各通商口岸設廠從事工藝製造；六、日本得享受最惠國待遇。惟條約中割讓之遼東半島，久為俄國欲攫取的目標，俄乃聯法、德干

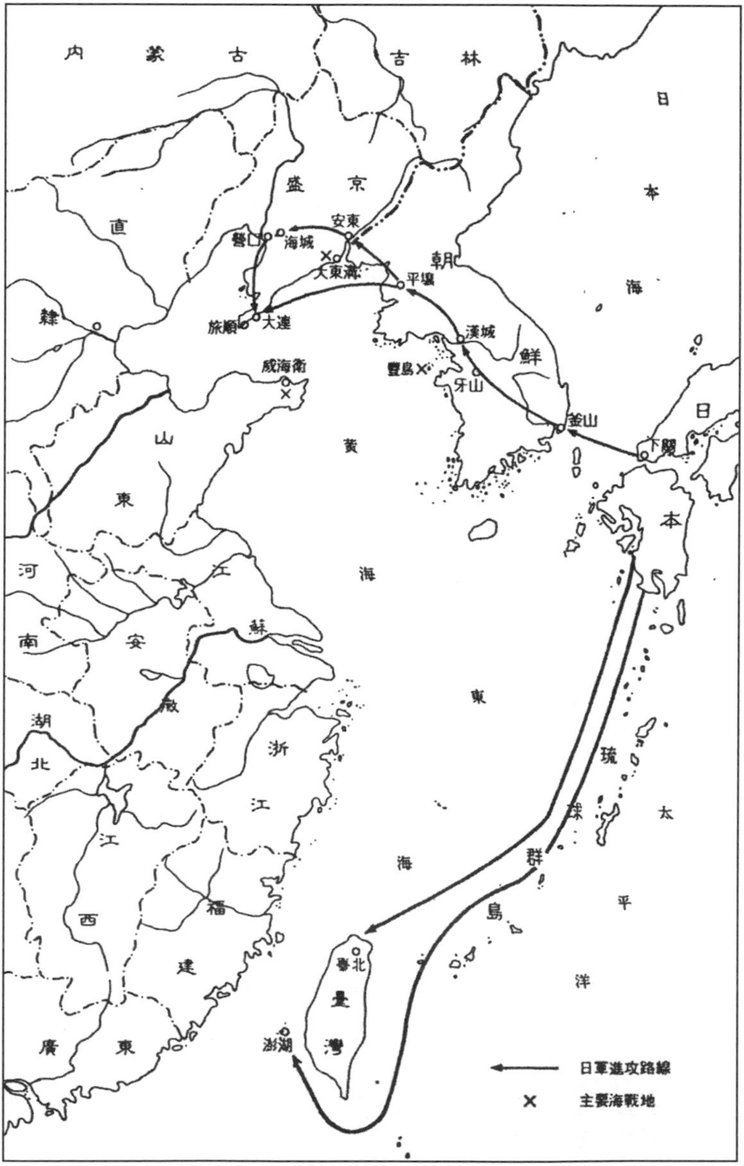

內
蒙
古
吉
林
盛
京
直
隸
安東
營口
海城
大東溝
平壤
朝
鮮
漢城
豐島
牙山
釜山
下關
旅順
大連
威海衛
山
東
黃
海
東
海
河
南
江
蘇
安
徽
湖
北
浙
江
江
西
福
建
廣
東
臺北
臺
灣
澎湖
琉
球
群
島
日
本
海
日
本
太
平
洋
日軍進攻路線
主要海戰地

中日甲午戰爭圖

涉，日本自知難以抗拒，乃由中國另付贖金三千萬兩，將遼東收回。

三、割台與朝野反應

日本決心與中國開戰，不僅要攘奪朝鮮，並要奪取台灣，如此方可由南、北兩道進圖中國大陸，甚至窺伺南洋。故於《馬關條約》開始談判之日，日艦即出現於澎湖。中國自始即不願放棄台灣，輿論更激烈反對，各方章奏紛陳，北京士子請願，道途為之阻塞。在《馬關條約》簽訂之前，朝廷重臣翁同龢、張之洞、劉坤一等均強力反對。翰林院、都察院的官員反應更為強烈。連光緒皇帝自己也曾沉痛表示：「台灣割則天下人心皆去，朕何以為天下主？」及條約訂立，割台正式列入條款，朝野奏請拒絕批准的諫諍更多，廷臣、疆吏紛紛上奏。時正值會試，各省在京應試舉人，亦各聯名陳情，阻止割讓，其中廣東舉人康有為等約集在京十八省舉人集會議商「拒約」、「自強」，隨即聯名上陳，即所謂「公車上書」。台灣京官及翰林舉人聯名上陳，直謂：「與其生為降虜，不如死為義民。」割讓消息傳至台灣，「紳民奔走相告，聚哭於市」，聲言「誓不從倭」。

四、台胞悲壯的抵抗

割台之局既成，台胞乃決定浴血抗拒，「願人人戰死而失台，不願拱手而讓台」。於是在丘逢甲等倡導下，於光緒二十一年五月，成立「台灣民主國」，推巡撫唐景崧爲總統，聲明事平之後，再請命中朝，仍歸中國。當時駐台軍隊，於割台確定後即奉命內渡。紳民乃召募壯勇，成立義軍。惟訓練不及，武器匱乏。五月初，日軍自澳底附近登陸，開啓征台之乙未戰爭[1]。五月中基隆失守，唐景崧、丘逢甲相繼出走，台北亦淪陷。但義軍並未因而氣餒，繼續抵抗。在新竹、台中、彰化、嘉義等地，節節阻擊，義軍首領及劉永福部將姜紹祖、吳彭年、吳湯興、楊泗洪、徐驤等相繼殉難，但亦屢挫日軍，給予很大的打擊。惟日軍源源而來，分別在西海岸與南端登陸，台南遂陷重圍。劉永福以兵匱餉絕，無力再戰，西去廈門，「台灣民主國」結束；九月初，日軍卒占台南。綜計台灣義軍不過數萬人，竟能與精銳之日本陸海軍喋血戰鬥，持續數月，創造了許多可歌可泣的事蹟，表現了堅毅不屈的民族精神；並使日軍死亡近五千人，高級將領

[1] 西元一八九五年，歲次乙未，故該年日本征台戰爭亦稱之為乙未戰爭。

旅團長山根信成少將、師團長中將能久親王，均負傷去世，包括天皇在內的日本朝野爲之震撼。

日軍因傷亡慘重，採取報復，恣意屠殺，姦淫搶掠，所至人亡家破。但台灣同胞並不屈服。於日軍攻占台南，樺山資紀總督在台北舉行所謂「全島平定祝賀會」後不久，猛烈的反抗便再度興起。而後，抗日行動此伏彼起，遍及全省各地，至民國四年（一九一五年）余清芳之噍吧哖事件[2]（又稱西來庵事件）後，台民武力抗日行動才告中止。

2 噍吧哖是台南玉井的古名。噍吧哖事件受辛亥革命及中華民國成立影響的抗日事件，是日據時期抗日起事中規模最大、犧牲人數最多的一次。

【研究與討論】

一、甲午戰爭前日本如何對朝鮮進行侵略及中國如何因應？

二、甲午戰爭對中國有何影響？

三、台灣割讓何以引起朝野激烈的反對？台灣同胞何以對日本做壯烈的戰鬥與持續的反抗？

第二十三章 變法與革命

第一節　瓜分危機、庚子動亂與日俄戰爭

一、港灣租借

甲午戰敗，引起列強加緊對中國侵略，紛紛強租港灣，劃定勢力範圍。首先發動者爲德、俄，英、法繼之，中國幾被瓜分。德國於光緒二十一年（西元一八九五年）秋，以干涉還遼，而得在天津、漢口設立租界，仍不滿足；二十三年，藉口德教士在山東遇害，奪據膠州灣，強行租借。俄國反對，德與之妥協，承認華北爲俄勢力範圍，並贊助俄在黃海取得不凍港口。二十四年，中德訂約，德租膠州灣九十九年，並獲得山東築路採礦之權。

俄國久擬建築西伯利亞鐵路[1]，使其穿過東北，並望在東方取得不凍軍港。中日戰爭後，一面對華借款，藉以獲得監督中國財政、干預中國政治的權利；一面要求築路及

[1] 俄國於光緒十七年（西元一八九一年），宣布建築西伯利亞鐵路。

軍港。光緒二十二年，俄皇尼古拉二世加冕，清廷派李鴻章爲專使往賀。俄人甘言相誘，許以永久相助，以保中國之完整。遂與俄簽訂《中俄密約》：中俄協力防禦日本，戰爭時俄得使用中國港口，允俄築鐵路經黑龍江、吉林以達海參崴[2]。此無異開門揖盜，種下了以後無窮的禍患。光緒二十三年，膠州事起，俄艦即駛入旅順，佯稱助我抗德。及其與德妥協，即強向我要求租借旅順、大連。翌年，中德租約訂立。清廷亦允俄要求，租借旅順、大連二十五年。光緒二十五年，又允其建造南滿鐵路。

英、俄一向對立，光緒二十四年，清廷允俄租借旅順、大連，英即占領威海衛，中國惟有認可，租期與旅順、大連相同；旋又要求擴展九龍界址，亦得許可，租期九十九年。法國則奪據廣州灣，強行租借，租期亦九十九年。

兩年之間，中國沿海良港喪失殆盡，咽喉要區爲人所扼。

二、勢力範圍的劃分

所謂勢力範圍，爲在某一區域之內的利益，或由一國獨占，或由數國共享，等於是

[2] 此即後來的東清鐵路，亦稱為中東鐵路。

瓜分中國的初步。甲午戰後。法國取得雲南、廣西、廣東的路礦權，復要求海南島及中越邊境的滇（雲南）、桂（廣西）、粵（廣東）三省，不得讓與他國，西南遂成爲其勢力範圍。英國在華利益最廣，除與法協議，染指西南外，並要求長江流域不得讓予他國，又請修築滬寧（上海、南京）、津鎭（天津、鎭江）、浦信（浦口、信陽）、滬杭甬（上海、杭州、寧波）、廣九（廣州、九龍）及山西至長江各鐵路，其中津鎭鐵路經過山東，爲德國所不許。光緒二十四年，英、德達成協議，北段歸德國，南段歸英國，德國承認長江流域爲英國鐵路勢力範圍，英國承認山東及黃河流域部分地區爲德國鐵路勢力範圍。俄國則於《中俄密約》後，東北已成爲其勢力範圍；復與法國共同支持比國，興建蘆漢鐵路（平漢鐵路），貫穿南北，以插足長江。英國與之妥協，俄國承認英國在長江流域之地位，英國亦承認俄國在長城以北的地位。日本亦要求福建不得租讓他國。

列強攘奪固陷中國於瓜分豆剖之勢，但其彼此之間利害亦復衝突。具有強大商業競爭能力的英、美，爲保持其利益，均不願中國被分割。乃於光緒二十五年，由美國國務卿海約翰（John Hay）分向各國發出通牒，建議在勢力範圍內，不得干涉各國通商投資，關稅、運貨碼頭稅等一律。即開放各國勢力範圍之門戶，列強經濟利益均等。英國首先同意，其他國家亦相繼同意。翌年，海約翰再照會各國，保持中國領土主權完整，保護各國條約及公法上的權利，保障各國在華的商業平等公正的原則。所謂「門戶開放政策」正式形成，中國以此得暫免被瓜分之禍。

三、義和團與八國聯軍

義和團起源各家說法不一，一般仍相信其與白蓮教有關。山東民風強悍，因憤外人侵逼與洋教欺凌，相率投入，習拳弄棒，以與相抗，號爲義和拳。他們以做法降神附體，不畏槍砲爲號召，信者日眾。

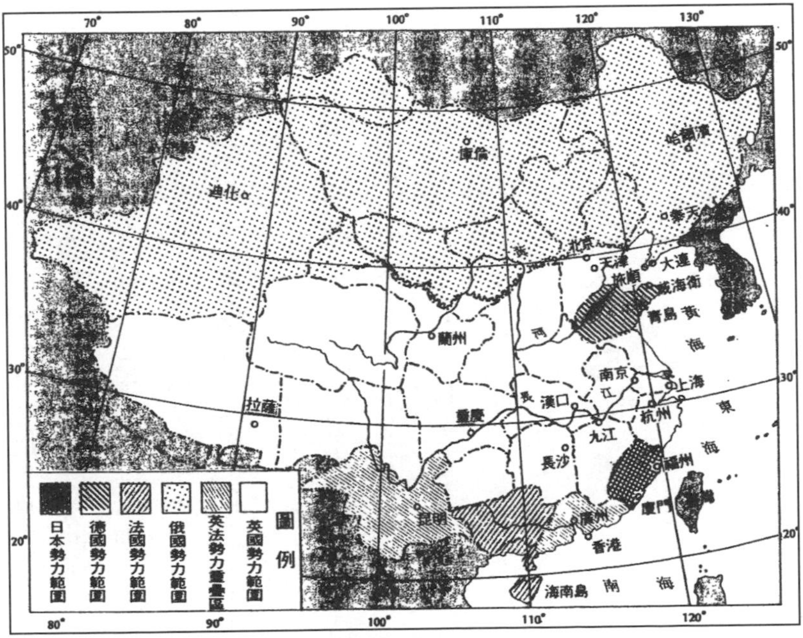

各國勢力範圍圖

復宣稱殺洋滅教，與自衛地方之鄉團漸相混合。巡撫毓賢一意徇私包庇，爲之改名義和團，任其燬教堂、殺教民及洋人。外國公使一再抗議，因詔毓賢進京，以袁世凱繼任，時在光緒二十五年。毓賢進京後，極誇義和團的忠勇與法術，慈禧等爲其所動。袁世凱則認眞剿辦，團衆則在山東不能立足，遂北入直隸。二十六年，歲次庚子，五月，慈禧明予袒縱，義和團聚集京、津。日本使館書記官被殺，大燒殺隨之而起，北京、天津陷入混亂與恐怖之中。

五月初，各國公使已召兵四百餘名入北京保衛使館。中旬，外軍續由天津增援，義和團阻其前進。下旬，端郡王載漪僞造公使照會，要求恢復德宗自由，太后歸政，代收錢糧，代掌兵權。慈禧聲言欺侮太甚，下詔宣戰。宣戰前一日，德國公使克林德（Clemens von Ketteler）被殺，義和團及清軍開始圍攻使館。七月，日、俄、英、美、法、奧、義七國之兵占領北京。慈禧挾德宗狼狽出奔至西安。聯軍在北京肆意搶掠蹂躪。不久，德軍亦至。惟東南各省則以各督撫相約互保外人，不奉行宣戰詔令，得免於戰爭波及[3]。

3 此稱為東南自保，或東南互保。

四、辛丑和約

於北京失陷後，清廷正式任命李鴻章為全權大臣，得便宜行事，與各國議和。光緒二十七年（西元一九〇一年，歲次辛丑年）七月，方與各國議訂條約，即所謂《辛丑條約》。要項為：一、派親王大臣分赴德、日謝罪，並為德使克林德建碑；二、懲辦禍首；三、禁止軍火進口兩年；四、賠款四億五千萬兩；五、劃定使館界址，由各國駐兵防守；六、削平大沽及北京至海口砲台；七、各國駐軍於北京至海口間諸要地；八、改總理各國事務衙門為外務部，條約訂立，聯軍退出北京。

以上各條款危害中國最大者，為賠款與駐兵。賠款嚴重影響到國家財政經濟與人民生活。使館區駐兵，形成首都內之敵國；天津等各要地駐兵，不許設防，不惟京畿門戶洞開，且貽下無窮的後患。

綜觀義和團運動，對國家招致如此重大的災禍，自然遭受到當時以至後人的譴責。外國人斥之為野蠻殘忍，中國人評之為愚昧瘋狂。但他們畢竟也表現了強烈的民族精神、高度的愛國熱忱，使貪得無饜的列強，感覺到中國人不可能輕易被征服。更應該檢討的是：當時若干知識分子，尤其是慈禧太后與支持其政策之一般大臣，竟導引和縱容社會大衆，走上這樣一個狂熱與暴力的方向。一個遭受憂患中的國家，只有忍辱負重、莊敬自強，才能突破難關，達到復興的康莊之路。

五、日俄戰爭與東北危機

《中俄密約》訂立後，俄國對東北已隨時伺機攫取。庚子拳亂甫起，便藉口保護鐵路，派大軍侵入，七十天內，將東北全部占領，並到處搶掠、燒殺、姦淫。和議已成，俄國仍不肯撤兵，反向我國提出多項凶狠的條款。又要求獨占東三省利益，排斥華北各國勢力，英、美深爲不滿。日本更爲憤激，既懷恨其干涉還遼，更惡其侵逼朝鮮，乃出而與俄交涉，未獲結果。光緒二十九年十二月，日海軍突襲旅順俄艦，兩國隨之開戰。三十一年二月，破俄軍於瀋陽，攻下旅順軍港，盡殲在港俄艦。俄國歐洲艦隊傾巢東來，復被擊破於對馬海峽，勝負已經確定，惟日本國力亦告困竭。經美國調停，八月，日俄訂立和約：一、俄承認日本在朝鮮有優越利益；二、俄將旅順、大連租借權讓與日本；三、俄將長春至旅順鐵路及附屬煤礦讓與日本；四、俄將庫頁島南部讓與日本。是爲《樸資茅斯條約》。

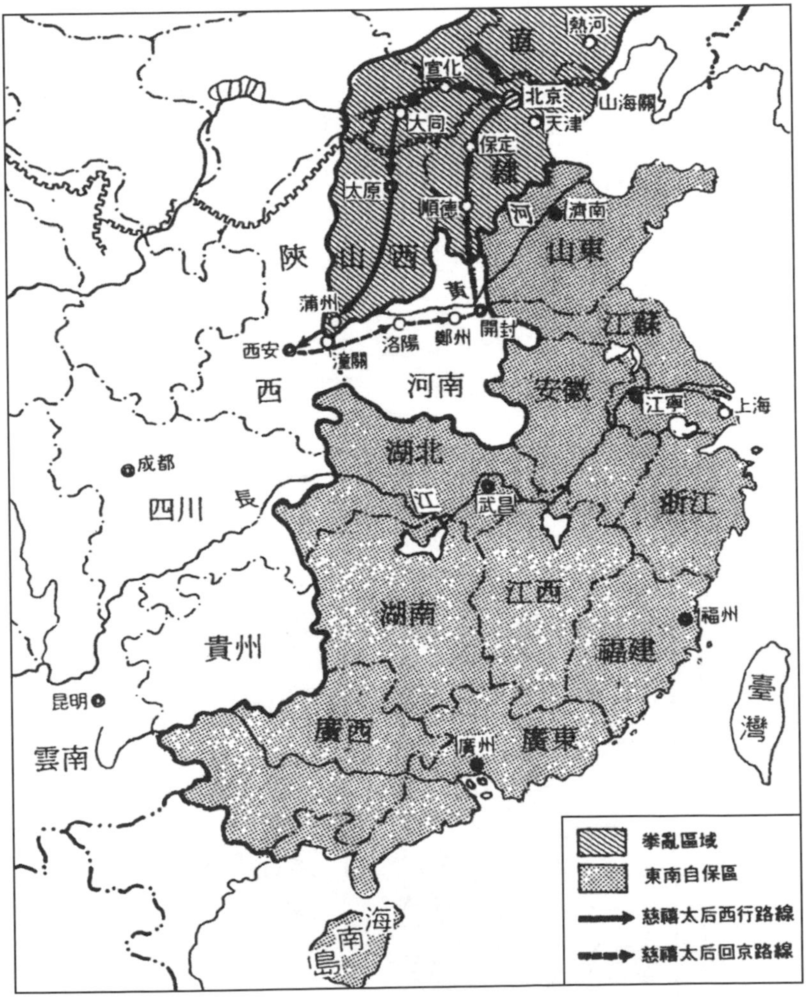

熱河
直
宣化
北京
山海關
天津
大同
保定
隸
太原
順德
河
濟南
山東
陝
山
西
黃
蒲州
開封
西安
潼關
洛陽
鄭州
江蘇
安徽
西
河南
江寧
上海
湖北
成都
武昌
江
四川
長
浙江
江西
湖南
福州
福建
貴州
臺灣
昆明
廣西
廣州
廣東
雲南
海南島
拳亂區域
東南自保區
慈禧太后西行路線
慈禧太后回京路線

庚子事變圖

在中國方面，對日俄在中國境內戰爭，無力制止，只好宣布中立，劃定遼河以東爲戰區，期望限制受損害的區域。光緒三十一年（西元一九〇五年），在日本勒索下與訂《東三省事宜條約》：一、中國承認俄國讓與日本在滿洲的權利；二、於東北加開商埠十六處；三、安東至奉天鐵路歸日本經營十五年；四、中日合採鴨綠江右岸木材。從此，日本勢力正式進入東北，並以南滿鐵道株式會社爲其經濟侵略機關，關東都督府爲其政治軍事侵略機關。清廷鑑於東北日趨危急，於光緒三十三年，將其

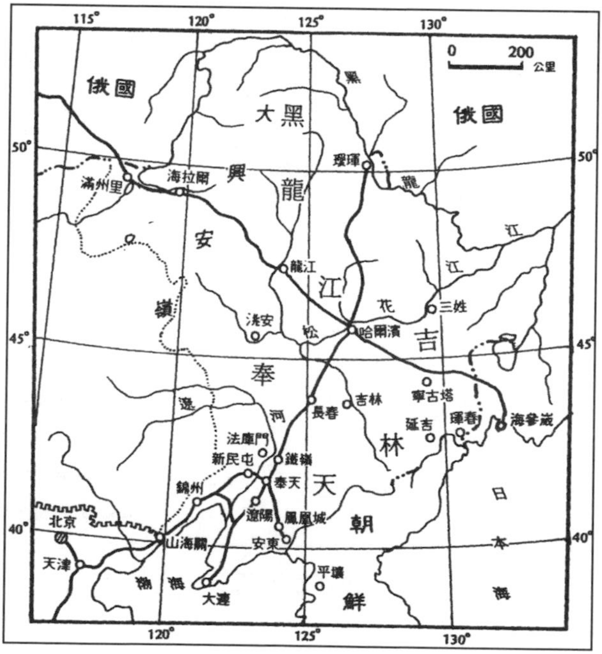

清季東北形勢圖

改制，設東三省總督及奉天、吉林、黑龍江巡撫，採開放政策，希望引入美、英勢力，以遏阻日、俄。日本與俄國則於是年成立秘密協定及條約，劃南滿及朝鮮爲日本勢力範圍，北滿及蒙古爲俄國勢力範圍，彼此互不侵犯。以此，中美間雖擬有各種開發東北的計畫，均在日俄一致反對之下，無法施行。

【研究與討論】

一、列強強租的港灣及其藉口為何？
二、試述各國在華劃分勢力範圍大要。
三、列舉《辛丑條約》的重要內容，並分析其影響。
四、評述義和團運動的得失。
五、日俄戰爭的原因與中國所受的侵害如何？

第二節　戊戌變法與立憲運動

一、時代的再認識

甲午戰前的自強事業，雖已相當廣泛，卻始終未脫離以軍事爲中心；即鐵路、電線等交通建設，亦多兼重國防目的。經中法、中日兩役，證明以往的努力，未能達成預期的目標；而內憂未紓，外患日亟，必須另謀途徑，以求復興。

早在咸豐、同治之交，馮桂芬已經指出中國在軍事以外的缺失：「人無棄材不如夷，地無遺利不如夷，君民不隔不如夷，名實必符不如夷。」因而呼籲在政治制度方面從事改革。自此以後，迄於甲午，王韜、鄭觀應等，均與馮氏有相類的見解，並更傾慕英國的議會政治，倡行君主立憲的政制。中日戰爭失敗後，朝野有識之士，益趨向政治改革一方面，康有爲、梁啓超、嚴復等，對時代的認識，尤爲突出。

康有爲，廣東南海人，早年所受爲舊式教育，及獲閱世界地理遊記，目睹香港、上海西人設施，並廣讀譯書，思想一變，曾上書請及時變法。甲午戰敗，復聯合在京會試舉人上書，論變法自強之道，並組織強學會。他的學生梁啓超，在上海主編《時務報》，宣傳尤力。嚴復翻譯赫胥黎（Thomas Henry Huxley）的《天演論》，使物競天擇、優勝劣敗、適者生存的觀念，爲一般知識分子所通曉，國人乃怵然於若不變法圖強，不僅無法與人競爭，且將歸於淘汰滅亡。

二、百日維新與戊戌政變

德占膠州灣後，列強交相侵逼，情勢益爲危急，康有爲又上書痛陳變法之必要，德宗深爲感動。光緒二十四年（歲次戊戌，西元一八九八年）四月，毅然下詔更新國是，變法圖強。此後百日間，在康有爲、梁啓超等的策劃下，連續頒發推行新政的諭旨，內容大致可歸納爲四項：一、關於教育及人才登進者，如廢八股、試策論、立學堂、設譯書局；二、關於實業者，如獎勵農業、工藝、商務，設農工商總局、礦務鐵路總局；三、關於軍事者，如變通武科，停試弓箭騎射，改試學科；裁減綠營，準備舉辦徵兵；四、關於政治者，如裁汰冗官及多餘的衙門、鼓勵臣民上書及報紙批評時政等。

同治年間的自強措施，已不時遭受反對。此次變法，涉及到制度，反對者更多。廢八股，裁官署，影響到不少人的前程與地位。慈禧太后與德宗間亦深有嫌隙。自穆宗登極，以其年幼，由慈禧與慈安太后共同垂簾聽政[4]。慈安性厚醇，多由慈禧裁斷。穆宗親政，不及兩年便病逝，因無子，慈禧乃以年甫四歲文宗之姪繼統，以便繼續掌握政權，此即德宗，年號光緒。兩宮太后，再行垂簾聽政。及慈安暴卒，慈禧更得為所欲為。光緒十五年，德宗雖已親政，慈禧仍握實權不放，彼此嫌隙日深。及光緒二十四年變法，守舊派便依附慈禧，以與新黨及德宗相抗。八月，慈禧發動政變，幽禁德宗，又臨朝聽政。新黨康有為、梁啓超得英、日之助脫走；譚嗣同等被殺，所有贊助維新諸大臣先後均獲罪或斥革。百日間所宣布之新政，本來即未能切實推行，現則除京師大學堂一項外，餘悉遭罷除。

三、庚子後的新政

慈禧扼殺了德宗與康、梁等的變法，又縱容義和團，造成一場幾乎使國家淪亡的大禍。洋兵入北京，慈禧倉皇出奔，方感到事態的嚴重。為應付外國，收拾人心，慈禧也下詔變法。自光緒二十七到三十二年（西元一九〇一至一九〇六年），陸續舉辦的新政

4 慈禧本為文宗妃，為穆宗生母，穆宗嗣位，遂為太后。慈安原為文宗后，故此時有兩位太后。

如下：

㈠**調整機構**

裁併各冗閒與職權重複的機構，如併詹事府於翰林院，裁撤河道總督及雲南、湖北、廣東各巡撫。設立商部，兼管農、工、路、礦。設立學部、巡警部等。

㈡**編練新軍**

甲午戰後，新軍繼湘、淮軍而起。張之洞聘德人練自強軍，袁世凱奉命募練新建陸軍。至是，積極編練，準備全國成立三十六鎮（師）。

㈢**振興實業**

《馬關條約》之後，外人得在中國設廠製造，嚴重威脅到中國實業發展。於是，乃訂立商律，命各省籌辦路、礦、工藝、農務之開拓，並予獎勵。

㈣興學堂廢科舉

光緒二十七年，詔令各省書院一律改爲學堂，省城及府、州、縣分設大學、中學、小學及蒙養學堂；並鼓勵公自費出國留學。光緒二十八年廢八股文，三十二年停鄉試、會試。廢除了千餘年來的科舉制度。

四、預備立憲

甲午戰前，已經有人倡議英國式的議會制度。百日維新期間，康有爲更有定憲法、開國會、君民合治之請。政變後，梁啓超等在海外鼓吹尤力，國內亦有倡議立憲的社團成立。庚子後，若干士大夫痛心清廷的昏狂乖謬，復震於革命的激烈，亦漸傾向於此一方向。及日俄戰爭，日本竟戰勝俄國，一般均歸因於立憲之效。慈禧爲敷衍搪塞，於光緒三十二年七月，宣布預備立憲，揭示「大權統於朝廷，庶政公諸輿論」，俟規模粗具，再議施行期限。

預備立憲的具體表現，一爲改定中央官制，調整各部組織；二爲增設議政機關，中央置資政院，各省置諮議局，各州縣置議事會。光緒三十四年八月，頒布《憲法大綱》，定期九年將籌備工作完成，即實行立憲。各方以《憲法大綱》中所訂君權太重，籌備時間太長，甚爲失望。三十四年十月，德宗與慈禧相繼殂歿，德宗姪溥儀嗣立，改元宣統。溥儀年僅三歲，由其父醇親王載灃爲攝政王，載灃多起用親貴，此輩或乏才能品德，或少不更事，軍機大臣慶親王奕劻則昏庸貪婪，政局益壞。

依九年預備立憲之進度，宣統元年（西元一九〇九年），各省諮議局成立。各州縣及城鎮鄉等議事會亦次第設置。此爲中國有史以來，第一次建立民選議政機構。輿論對之期望甚殷，大部分議員亦盼望能速開國會，組織責任內閣，遂有十六省諮議局代表，進京請願。宣統二年，第三次請願，各督撫及資政院多予支持，北京、天津等地學生及海外華僑團體亦起而聲援，清廷方勉將預備期限，由九年縮減爲六年。請願代表堅持明年即召開國會，留北京不去，非議朝政，抨擊親貴，清廷聲言查拏嚴辦。

宣統三年四月，裁撤舊有內閣及軍機處，成立所謂「責任內閣」，以奕劻爲總理大臣，協理大臣二人，各部大臣十人。其中滿人八人，且五人爲皇族，蒙古人一人，漢人僅四人。輿論譁然，各省諮議局交相指摘，謂皇族親貴組閣，不合君主立憲公例，諭旨則予申斥。至是熱心立憲人士已感絕望，遂轉而支持革命。

【研究與討論】

一、比較戊戌變法與慈禧新政的背景、內容與得失。
二、戊戌變法失敗的原因。
三、清末立憲，朝野的動機有何不同？

第三節　革命運動

一、孫中山先生早年的事蹟

國父孫中山先生，名文，號逸仙，同治五年十月初六日（西元一八六六年十一月十二日）生於廣東省香山縣（中山縣）。七歲入私塾，歷時七年，熟讀經史。在此期間，聽鄉老講太平軍軼事，油然而有光復漢族的思想。十四歲赴檀香山，「始見輪船之奇、滄海之闊，自是有慕西學之心，窮天地之想」。及在檀島就讀於英美學校，「課暇與同學諸人相談衷曲，而改良祖國、拯救同群之願，於是乎生」。四年後，返回故鄉。十九歲起，就學於廣州、香港。二十七歲，光緒十八年（西元一八九二年），以第一名優異成績畢業於香港西醫書院（The College of Medicine for Chinese）。在香港讀書期間，深思檢討，認爲：「吾國人民之艱苦，皆不良之政治爲之，若欲救國救人，非除去惡劣政府不可，而革命思潮，遂時時湧現於心中。」於中法戰爭戰敗，乃有「推覆清廷，創建民國」之志。光緒二十年春，離粵北上。五月達天津，曾上書李鴻章，敷陳富強大計，提出「人盡其才」、「地盡其利」、「物盡其用」、「貨暢其流」四項富強之綱領與辦法，李鴻章未予接納。乃去北京以觀察虛實，並遊武漢，觀察長江形勢。時中日戰爭已起，清陸、海軍均失利，以爲時機可乘，乃再赴檀香山。

二、創立興中會致力革命

孫中山先生於光緒二十年（西元一八九四年）九月前往檀香山。十月，組成他領導的第一個革命團體——興中會。參加者均須宣誓，誓詞中揭示該會目標爲「驅除韃虜，恢復中華，創立合衆政府」。是年底，返回香港，即召集舊友陸皓東、陳少白、鄭士良等，於次年正月，設立興中會總機關，對外託名「乾亨行」。二月，舉行興中會幹部會議，決定攻取廣州之計畫，並用青天白日革命軍旗。九月，擬定在廣州舉事，不幸事洩，同志陸皓東等多人被捕殉難。此爲其領導革命第一次起義。

光緒二十二年（西元一八九六年），孫中山先生由美國至倫敦。九月，被清使館人員誘禁，計畫將其秘密送回廣州審判。幸其香港西醫書院老師康德黎（James Cantlie）奔走營救，英政府進行干涉，方得脫險。嗣後，便在倫敦居留，經常赴大英博物館從事研究[5]，直至二十三年六月，方離英往日本。在英期間，建立其民生主義理論，完成三民主義體系。在日本，結交朝野賢豪，並聯絡同志，策劃革命之進行。並派陳少白到台灣，於是年十一月，在台北成立興中會分會，以結合志士，共同爲祖國革命而努力。光緒二十六年（西元一九〇〇年）庚子之亂作，命鄭士良在廣東惠州舉義，並親來台灣策劃接應。鄭士良連破清兵，轉戰兩旬，聲威遠播，雖終因彈藥不繼而失敗，但卻震動中外，發生重大影響。誠如孫中山先生所說：「從此有志之士，多起救國之思，而革命風潮，自此萌芽。」此爲其領導的第二次起義。

5 倫敦大英博物館（British Museum），有極具規模之圖書館，並有東方圖書之專部。

三、組織同盟會結合革命力量

庚子之後，留日學生遽增，彼等既痛憤清廷之昏憒謬妄，復切齒俄人之肆意侵凌，乃有人發行雜誌，舉行集會，甚至組成「拒俄義勇隊」，均得中山先生的啓示與指導。排滿的書冊，如鄒容的《革命軍》，陳天華的《警世鐘》、《猛回頭》等，風行海內外。各省相繼有革命團體成立，如湘人黃興等的華興會、浙人蔡元培等的光復會、鄂人劉敬（靜）庵等的日知會[6]，皆隱奉孫中山先生爲泰斗。

環顧情勢，體察人心，孫中山先生認革命時機已經成熟，於光緒三十一年（西元一九〇五年）春，到達歐洲，召集英、比、德、法留學生集會，組成革命團體。六月，返回東京。爲集中力量，統一步驟，於七月二十日（陽曆八月二十日），成立了中國革命同盟會，簡稱同盟會。同盟會的成立，不僅使興中會、華興會、光復會等及各省留學生之有志革命者，成爲一個團體，也結合了國內外所有革命的力量；並且明確揭示出「驅除韃虜，恢復中華，創立民國，平均地權」的目標，又於《民報》提出民族、民

6日知會前身為科學補習所，劉敬庵亦為主要分子。

權、民生三大主義，決將政治與社會革命，畢其功於一役，並提出「中華民國」國號作爲革命建國的目標。

四、革命勢力迅速發展壯大

同盟會成立後，革命勢力迅速發展，革命行動前仆後繼。光緒三十二年（西元一九〇六年），革命黨人發動會黨，舉事於江西萍鄉及湖南醴陵、瀏陽，清廷自湘（湖南）、鄂（湖北）、皖（安徽）、蘇（江蘇）四省調集軍隊，歷時月餘，方得平復。三十三年，在孫中山先生主持之下，連續在廣東潮州、黃岡、惠州七女湖、廣西欽州防城、鎮南關起義。同年，徐錫麟在安徽安慶舉事，殺安徽巡撫[7]；女革命志士秋瑾殉難於浙江。三十四年，孫中山先生復命黃興進圖廣西欽州、廉州，繼又進攻雲南河口。兩年之間，雖遭六次失敗，但革命黨人捨身革命救國行動，卻使國人景慕風從，即在日本統治之下的台灣亦不例外。興中會既曾在台灣設立分會，同盟會亦於宣統二年（西元一九一〇年），在台北設立分會，由翁俊明主持。次年（西元一九一一年）之廣州黃花

7 光緒三十四年，新軍隊官熊成基再舉義於安慶，尋亦失敗。

岡之役，捐款支持和親往參加者均不乏人，羅福星即爲其中之一。

孫中山先生於革命再接再厲，宣統二年，廣州新軍起義雖失敗，次年（西元一九一一年）又發動了「三二九」之役。是年三月二十九日（陽曆四月二十七日），黃興率一百七十餘同志進攻兩廣督署，以勢力與官兵懸殊，雖浴血奮戰，仍歸失敗，戰死及被執殉難者八十餘人，盡屬黨中精英。事雖不成，然其爲仁而動，甘死如飴，及其所產生的影響，誠如孫中山先生所說：「是役也，碧血橫飛，浩氣四塞，草木爲之含悲，風雲因而變色。全國久蟄之人心，乃大興奮，怨憤所積，如怒濤排壑，不可遏抑。不半載，而武昌之大革命以成。」[8]

8 三二九之役，事後尋獲忠骸七十二人，葬於黃花岡，被稱為「七十二烈士」，此役亦被稱為「黃花岡之役」。

【研究與討論】

一、興中會的宗旨及其創立的意義。

二、同盟會的宗旨及其創立的意義。

三、辛亥年廣州「三二九」之役的得失。

第二十四章

中華民國的創建與民初政局

第一節　辛亥革命與中華民國的創建

一、保路風潮

宣統三年（西元一九一一年，歲次辛亥年）四川發生的保路風潮，為革命造成有利的情勢。先是光緒末年，清廷允將川漢及粵漢兩鐵路，由紳商集股興辦，但民間財力不足，進行遲緩。宣統三年，因郵傳部大臣盛宣懷建議，突然宣布收歸國有。此一政策本身，原無可厚非，但其施行辦法，卻極為民間所不滿：一以滿清親貴有意假築路為名，不惜犧牲國家利權，舉借外債，並從中飽其私囊；二以對原有股本償付不公，使股東蒙受損失。因而引起湖南、廣東、四川、湖北紳民群起抗爭，紛組「保路同志會」，派遣代表請願，尤以四川最為激憤。請願不成，演變為罷市罷課。七月中，四川省誘捕保路代表，槍殺請願民眾，紳民進而組織保路同志軍，包圍城邑，攻擊清軍。革命黨乘勢運用策動，全省陷入混亂。

二、武昌起義

革命黨人黃興等策劃廣州三二九之役時，便計畫於事成之後，分軍北趨武漢與南京，並曾派同志前往長江上、下游聯絡部署。及廣州舉義失敗，革命黨人於閏六月間，設立中國同盟會中部總會於上海，以策劃長江流域的革命。先是武漢地區於光緒三十年（西元一九〇四年），已有革命團體科學補習所建立。次年改組為日知會，幾經演變，至宣統三年，以文學社和共進會為兩大主幹。鑑於革命的形勢日趨有利，為充分發揮力量，便於統一指揮，於是年七月，兩團體毅然實行合併。時部分新軍為清廷調赴四川鎮壓保路運動，武漢較為空虛。復因革命機關被破獲，同志多人被捕，文書名冊、旗幟符號皆被搜去。武漢革命機關及其主要人物多已暴露，事態緊急，已經為革命同志大半可以控制之新軍，遂於八月十九日（陽曆十月十日）夜間發難。湖廣總督與新軍統制（師長）相繼逃走，武昌遂告光復。黨人擁新軍協統（旅長）黎元洪為鄂軍都督，連克漢口、漢陽。

武昌起義竟一擊而中，於三日之內，光復全國樞要的武漢三鎮，誠以湖北黨人勢力雄厚，但亦以時機已熟，情勢使然。四川保路風潮，造成混亂於先；各省響應，迅速繼之於後。湖南的光復，使武漢可以獲得直接的援助；上海的光復，使革命軍餉械獲得供應，並大動國際視聽；南京的光復，奠定革命軍在長江下游的基礎。清廷雖仍保有直隸、山東、河南及東三省，然內部均已有革命黨積極活動，實際已危機四伏[1]。

三、民國臨時政府成立

革命軍控有大半省分之後，各省代表會議決定組織中央臨時政府，以南京為所在地。當武昌起義之時，革命黨領袖孫中山先生正在美國籌款，得此消息，他認為今後成敗，列強的態度關係至大，特別是英國與日本，乃即啓程赴英。時清廷正進行向英、法、德、美四國銀行團貸款，孫中山先生乃請英政府阻止，並協助促日本停止對清廷援助，均獲得允諾。然後至巴黎，與法國當局有所商洽，於十一月初，返抵上海。孫中山先生為眾望所歸，十一月初十日（陽曆十二月二十九日），為各省代表選舉為臨時大總統。十一月十三日，在南京就職，是日為陽曆元旦，即定為中華民國元年元旦。至是，

1 山東一度獨立，河南屢謀舉事，直隸則石家莊、灤州駐軍謀直搗北京，奉、吉、黑三省分別成立「保安會」。

亞洲第一個共和國——中華民國——正式成立，中華民族的歷史開啓了民主時代的新紀元。一月二十八日，由各省派出的參議員組成了臨時參議院，臨時政府的體制亦告完備。

四、清帝退位

在清朝末期，滿洲權貴早爲革命黨的聲威所懾，武昌起義更使其震撼驚駭。雖即派陸海軍前往鎮壓，卻亦知難爲所用。不得已只好起用罷黜已久的袁世凱爲湖廣總督，節制各軍。但袁此時已無意爲清室效力，僅乘機謀擴張自己的權力。清廷受其要脅，逐步屈服，旋任其爲欽差大臣，繼任其爲內閣總理。但袁世凱並不滿足，一面假革命軍以脅清廷；一面以軍力奪回漢口、漢陽，壓迫革命軍與其談判。經英國人居中斡旋。達成停戰議和的約定。於是袁世凱派唐紹儀南下，與革命軍代表伍廷芳會議於上海。時若干革命黨人於革命性質與主義缺乏正確認識，思假手於袁世凱而迅速推翻清政權，允予總統職位。迨孫中山先生當選臨時大總統，仍繼續與袁世凱協議，允於清帝遜位後，推其爲臨時總統。袁世凱乃對清廷多方威脅，另以優待條件相誘。於是清廷於民國元年二月十二日下詔退位，結束了其對中國兩百六十餘年的統治。

五、改選臨時總統頒布約法

清帝退位之後，孫大總統即依其承諾而辭職，並向臨時參議院推薦選舉袁世凱繼任。惟孫大總統提出三項原則：政府必須設於南京，新總統必須親到南京受任，並必須遵守《臨時約法》；意在使袁世凱離開北洋基地，擺脫北京惡劣的政治環境。袁世凱自不願置身於革命黨人控制下的南京，適北京發生兵變，便藉口北方局勢不穩，拒絕南來。參議院卒允其在北京就職。至是，能約束袁世凱者，僅有《臨時約法》。臨時參議院乃即行起草，於三月間完成公布。《臨時約法》中規定民國主權屬於國民全體，人民不分種族、階級、宗教，一律平等；在法律上享有身體、家宅、財產、營業、言論、出版、集會、結社、通訊、居住、遷移、信仰自由，有請願、陳訴、訴訟、任官、考試、選舉、被選舉權利，及納稅、服兵役義務。此為我國自有史以來，第一次將人民的權利義務列入國家根本大法之中；並規定約法施行後十個月內，召開國會，制定憲法。在憲法未制定完成前，《約法》即為國家的根本大法。

【研究與討論】

一、保路風潮的起因與其對武昌起義的影響。
二、辛亥革命何以能一舉而成功？
三、武昌起義後，孫中山先生的行動及其意義。
四、袁世凱如何操縱大局與取得政權。

第二節　袁世凱的竊國

一、政黨與政潮

民國初建，同盟會由秘密革命團體，改組爲公開的政黨。宋教仁爲實現其政黨政治的理想，並防制袁世凱的權力野心，乃聯合其他政黨與同盟會合組成國民黨，奉孫中山先生為理事長，而由宋教仁代理。民國二年初，舉行國會議員選舉，國民黨大勝。與國民黨相抗的主要有共和、民主、統一三黨，後併為進步黨，理事長為黎元洪，實際領袖為梁啓超。國民黨與袁世凱處於對立，進步黨與袁世凱親近。

先是袁世凱繼孫中山先生任臨時總統後，便專擅自為。及國會選舉揭曉，國民黨獲勝，以選舉總統、制定憲法及決可要政，均為國會之職權，袁世凱乃蓄意對國民黨加以摧殘。民國二年三月，收買凶手，刺殺國民黨代理理事長宋教仁於上海，舉國震駭，輿論憤慨。袁乃積極部署軍事，並不經國會同意，擅與英、俄、德、法、日五國銀行團借款兩千五百萬鎊，主要作為擴充軍備費用；且條件苛刻，國家權益損失極重，益引起國民黨籍議員強烈的反對，但袁世凱不予理會。

二、二次革命

孫中山先生將總統之位讓與袁世凱後，頗望袁世凱能善以自為，自己則以在野之身，致力於教育與實業，為民國立百年大計。迨宋教仁案發生，知袁世凱已無可救藥，力主聲罪討伐。此時國民黨勢力相當雄厚，但內部意見不一，未能及時行動。袁世凱則兵符在握，列強復予財政支持，乃得從容布置，先發制人。民國二年六月，袁世凱先罷免國民黨籍的江西、廣東、安徽三都督，並派大軍南下。七月，國民黨方在被迫之下，開始討袁行動，李烈鈞起於江西，黃興起於南京，陳其美起於上海。多省響應，但兩月內，均被擊破，二次革命失敗。

三、洪憲帝制及其失敗

袁世凱原控有北方各省，二次革命後，長江流域及其以南各省，亦直接間接歸入其所領導的北洋派[2]掌握。袁世凱志得意滿，一心想實現其帝制的迷夢。第一步脅迫國會選舉他爲正式總統；第二步取消國民黨籍議員資格，使國會不能開會，最後予以解散；第三步廢止民國元年（西元一九一二年）的《臨時約法》，另訂新約法，將總統權力極力擴大，改內閣總理爲國務卿；第四步將總統任期由五年改爲十年，並得連任，且候選人由現任總統擬訂。

民國四年，袁世凱公然進行帝制。先由楊度等發起所謂的「籌安會」，鼓吹君主立

2 清季，袁世凱在天津附近小站練兵，後來成為北洋新軍的主力。袁又任直隸總督兼北洋大臣，袁系人物遂被稱為北洋派，擁有軍隊與具有影響力之將領則被稱為北洋軍閥。

憲，並製造輿論響應，指使軍人官僚勸進，再由所謂「國民代表」推戴其為「中華帝國皇帝」。袁正式接受，定次（五）年為「洪憲」元年。

二次革命後，孫中山先生為重振革命精神，於民國三年（西元一九一四年）七月，將國民黨改組為中華革命黨，嚴明黨紀，並不斷進行討袁之行動。四年十二月，命陳其美在上海策動肇和軍艦舉義。另外，梁啓超、岑春煊亦策動反袁。雲南將軍唐繼堯對袁稱帝深懷不滿，孫中山先生派人入雲南活動。原國民黨人李烈鈞和前雲南都督蔡鍔復相繼入雲南。唐繼堯等遂於民國四年十二月二十五日宣布獨立，組織護國軍，誓師討袁。唐繼堯被舉為都督，蔡鍔、李烈鈞分率第一、二兩軍，向四川、廣西進攻，屢獲勝利。朱執信、鄧鏗亦奉孫中山先生之命，在廣東起兵。居正則奉命在山東成立中華革命軍，攻袁世凱的心腹之地。

在國際方面，英、俄、日、法等國，對袁世凱之帝制，均不表支持，且提出警告；護國軍起後，各地又不斷有起義與獨立相呼應，袁世凱不得已而宣告延期登極，以圖觀望。五年三月，北洋派大將馮國璋、段祺瑞等亦明顯反對。袁世凱被迫於是月撤銷帝制，八十二天的「洪憲」告終。惟袁世凱仍想戀棧總統，護國軍堅決反對。不久，廣東、四川、湖南等省也相繼獨立，袁世凱眼看眾叛親離，於六月六日，羞憤而死。

袁世凱死之後，副總統黎元洪繼爲總統，實權則操之於國務總理段祺瑞之手。在護國軍及各方力爭下，《臨時約法》及國會得以恢復，補選馮國璋爲副總統。但北洋派並無守法的誠意，遂演變成軍閥割據、混戰不已的局面。

【研究與討論】

一、二次革命失敗的原因。
二、袁世凱實現帝制的步驟。
三、何以袁世凱的帝制圖謀終告徹底失敗？

第三節　民初對外關係

一、外蒙與中俄交涉

俄國垂涎外蒙已久。武昌革命發生，清廷無力北顧，俄乃誘迫庫倫活佛宣布獨立。民國元年，雙方訂立協約與商務專條，排除中國的一切權利，俄國獨占外蒙的經濟利益，並向中國要求認可。民國二年，袁世凱竟不顧輿論反對，與俄成立協議：允許外蒙自治，中國不駐兵、不設官、不移民。民國四年，中、俄、蒙三方在恰克圖訂立協約，外蒙取消獨立，仍行「自治」，活佛受中國冊封，中國對外蒙僅存有宗主權之名，實際上由俄國宰制。

二、西藏與中英交涉

英國對西藏圖謀已久。清光緒十四年（西元一八八八年），即攻占在藏邊中國的屬邦哲孟雄（錫金）。俄國對西藏亦有野心，與達賴相勾結。光緒三十年，英侵西藏占領拉薩，達賴北逃，西藏攝政大臣與英國印度總督訂立《拉薩條約》。中國不承認該約，向英國進行交涉，獲得協議：英國不占領藏地，不干涉藏政；中國亦不得讓他國占領藏地或干涉藏政。中國在西藏之宗主權，獲得英國承認。至是中國乃積極整頓藏政，並經營西康。

達賴北走，本欲乞援於俄國。但時際日俄戰後，俄無力以助，遂轉而謀求英國支持。宣統元年回藏，受英人煽動，屢擾四川邊境。翌年，川軍入藏，達賴南走哲孟雄（錫金，現併入印度），受英國保護。民國元年，達賴得英國餉械之助，嗾使西藏僧民圍困川軍，擾及西康。四川、雲南派軍西征，英公使向中國抗議。袁世凱政權有賴英國支持，乃命西征軍停進。三年，中、英、藏代表在印度西姆拉（Simla）議訂一暫時草約：分西藏為內外二部[3]，外藏自治。我國不予承認。四年，重開談判，仍無結果。

3 昌都以西為外藏，以東及青海南境為內藏。

三、日侵山東與二十一條

民國三年七月，第一次世界大戰爆發。日本認為有機可乘，即對德宣戰，派兵在山東半島登陸，一面進攻青島，一面悍然西侵，將膠濟鐵路（東起青島，西止濟南，橫貫山東省中部）及沿線礦廠，全部占領，直達濟南。十一月，青島德軍敗降，日軍即予占領。

民國四年一月，中國請日本撤兵，日本不惟拒絕，反由其駐華公使面向袁世凱提出要求二十一條，分列五號：

第一號關於山東：一、承認日本繼承德國在山東權利；二、山東及其沿海島嶼不得租讓他國；三、允日本建造煙台或龍口至膠濟線之鐵路；四、增開山東商埠。

第二號關於南滿、東蒙：一、旅順、大連租期及南滿、安奉兩路管理均展期至九十九年；二、日人在南滿東蒙享有土地租借權及所有權；三、日人在該地區得任便居住往來及經營工商業；四、日人得開採該地區各礦；五、中國如允他國在該地區建造鐵路及將該地區稅課抵押借款時，須得日本同意；六、該地區聘用政治、財政、軍事顧問教習，須先向日本議商；七、吉長鐵路由日本經營九十九年。

第三號關於漢冶萍公司：一、該公司由中日合辦；二、該公司各礦附近礦山，不准公司以外之人開採。

第四號：所有中國港灣島嶼，不得租讓與他國。

第五號關於整個中國：一、聘日人爲政治、財政、軍事等顧問；二、在中國之日本病院、寺院、學校等，允予土地所有權；三、中國必要地方之警察由中日合辦；四、中國軍械半數以上向日本採購辦理，或中日合辦軍械廠；五、允日本建造武昌至九江、南昌，南昌至杭州及南昌至潮州鐵路；六、福建路礦及海口船廠須借用日款；七、日人在中國有布教權。

是年二月起，由外交總長陸徵祥、次長曹汝霖與日使談判。五月七日，日使發出最後通牒，限四十八小時內對第一至四號及第五號關於福建一條允諾，否則即採必要手段。袁世凱竟於九日覆文屈服，且允第五號日後另行議商，是謂「五九」國恥。

【研究與討論】

一、民初四年間，俄國如何侵略外蒙？
二、英國侵略西藏的經過。
三、日本侵略山東的過程。
四、二十一條對中國領土主權的危害。

第二十五章 清末民初的社會經濟與文化

第一節　社會的變遷

一、社會階層變遷

過去兩千年來，我國社會結構，一直是以士農工商四個階層爲主體。其中農人最多，約占全人口的百分之八十。士是知識分子，人數最少，卻是社會變遷與發展的主導。清末民初，受新式教育的知識分子日漸增加，受傳統教育的士階層漸趨式微。由於內憂外患交逼，此一時期的知識分子較過去更具憂患意識，自強運動、變法運動、立憲運動、革命運動、「五四」運動，均由其倡導產生。但由於他們忽略了當時社會經濟條件和一般教育水準，期望速效，致理想多難落實，不免有挫折之感。「五四」之後，知識分子思想趨向分歧。另外，由於工商業的發展，工商人數增加，他們的社會地位，也較從前提高。

二、婦女爭取平等

中國婦女自古以來多依附男人。清末民初，因受西潮衝擊，開始覺醒。在維新變法前後，國人已提倡廢纏足、興女學。隨之女子自己亦起而鼓吹男女平等、婚姻自由，並鼓勵女子參政或參加革命。「五四」運動，各地中等學校女生起而響應。成立於民國十年的北京女子高等師範，是專為女子設立的高等學校（相當於大學）。民國初始，女子便要求將參政權列入憲法。此外，如財產繼承、職業自由、禁止納妾等，均在爭取之列。雖然實際效果，一時並不如理想，但日後都逐漸實現。

三、宗教信仰

民間流行的宗教為道教與佛教，回教（伊斯蘭教）與基督教雖為世界性宗教，在中國則較不普遍。

(一)道教

道教流派甚多，但大略可分為兩派，以煉丹求仙、養身延壽為主旨者，通稱丹鼎派；以祈禳符咒、驅鬼療病爲主旨者，通稱爲符籙派。前者雖可有益於身心的修養，然一般人不易習行，故漸趨衰微；後者雖多屬迷信，然誦經禮懺，超渡鬼魂，驅魔袪病，卻廣行於民間。自清末迄於民初，雖科學日昌，仍相當流行。

(二)佛教

教派亦多，然究其本義，則在於自覺覺他，覺行圓滿，至於成佛。晚清時期，精研佛法者已漸罕見，一般僧尼，不過拜佛念經，或爲人做佛事，超薦祈福而已。清末興辦學校，寺廟及其產業，多被充爲校舍經費，一時甚受影響。爲謀振興，民初不時有高僧出而弘揚佛法。民間積習難返，中產以上之家延僧超薦親屬，一般社會大衆往寺廟進香還願等等，仍一直流行。

(三)回教

回教（伊斯蘭教）於唐初傳入中國，宋元時回人來者益多，漢人亦漸有信奉者。明中葉後已遍及各地。惟因其宗教與生活習慣自成一體，不易擴充發展；加以清代後期，雲南、陝西、甘肅、新疆等處回人連續發生變亂，使其頗爲凋敝。民國成立，五族共和，各地有回衆聚居之處，除建立清眞寺外，並有回教社會團體組成，回教開始趨向復興。

㈣基督教

基督教自宗教革命後，分爲舊新兩派，舊教稱天主教，新教稱耶穌教（亦稱基督教）。舊教在中國傳播由來已久，新教於嘉慶十二年（西元一八〇七年）方來華布道。英法聯軍後，該教獲得進入中國內地傳教，發展迅速，但也引起若干國人的反感，不斷發生民教衝突，致形成庚子拳亂一項重要的原因。嗣後趨向緩和，但直到民國初年，仍然有反對者。然基督教對中西文化的交流、西方科技的傳播、新式教育的建立，以至社會習俗的改良，均甚有貢獻。

四、禮制與風俗

禮制與風俗，往往密切相關，故亦可合稱爲禮俗。中國幅員廣大，各地禮俗自有相當的差別，但大體仍然一致。入民國後，雖有所改革，惟變化卻並非甚劇。如婚禮，清末已將新式婚姻要項列入法律，但民間仍沿用舊有訂婚迎娶之儀制，父母之命仍多具決定性之作用；喪禮，傳統為慎終追遠，儀式甚繁，民初並無顯著變更；曆法，政府頒布施行陽曆，民間卻幾全然仍用陰曆。所有歲時節令，亦均大致未變，如元旦（陰曆）、上元、清明、端午、中元、中秋、重陽、冬至、臘八、送灶（過小年）、除夕，均照舊舉行。再如廟祀，各地廟宇繁多，雖清末因興學，有不少寺廟被用為校舍，民初又將許多神祇、祀典[1]廢停，但其為民間所信，仍然崇祀者，則所在多有，無法革除。至若干迷信習俗、求仙問卜、僧道祈禳超薦、巫術驅邪避凶等等，各地雖方式不盡相同，但均仍然存在。

五、人民生活

中國一向以農立國，清末民初時期，雖然有新式工商業與城市興起，但廣大的鄉村，仍然以農業為主，維持其傳統社會的型態，過著自給自足的生活。惟以我國幅員遼闊，氣候、地形、土壤等不同，各地生活水準，有相當的差異。東南各省與長江流域，多魚米之鄉，人民較為富饒；西北各省與黃河流域，一般較為貧苦。然此僅為大致而

1凡載於祀典之神祇，均由官府出貲祀祭。

言。不僅一省之中，即一縣之中，平原沃野之地與山嶺綿亙之區，亦往往相差懸殊。城市工商業發達，賺錢較易，生活比鄉村為佳。就農民耕作土地而言，此一時期，已呈不足；加以土地分配不均，不少地區佃農常近半數，故多數農民生活相當困苦。如遇天災人禍，情況更為嚴重。幸一般農民，習於勤勞，或兼種經濟作物，或從事農村副業，苟無意外災害，尚可勉維其溫飽。

【研究與討論】

一、清末民初社會各階層有什麼變化？

二、清末民初婦女在思想觀念上有哪些改變？

三、研討佛教、道教、回教及基督教在清末民初時期的情況。

四、說明各地大體一致之歲時節令。

五、清末民初一般人民生活的大致情況。

第二節　經濟的發展

一、交通建設

新式交通建設，始於自強運動時期，迄於清末，不論在輪船航運、鐵路、電訊、郵政方面，都有相當的成果。公路與航空，則在民國方始起步。

於輪船航運，輪船招商局至民國初年，已擁有海洋與內河航輪約三十艘，計五萬餘噸；民營的輪船公司已達五十餘家，惟規模多不大，故並不敷需用。外國輪船仍占極大的優勢，為華輪的兩倍以上。鐵路在甲午戰後，為對抗外人之攫取路權，加強興築，至清末，建成五千餘公里。民初繼續修築，速度則較為緩慢。鐵路的修築，使我國交通大為改善，也促進了工商業的發展與新都市的興起。

電訊可分為電報與電話。電報有有線與無線兩種。有線電報在自強運動時期，已經建立若干幹線，宣統三年，全國已經有線路五萬餘公里；民國後繼續增加。無線電報於光緒二十四、五年間，最先在廣州附近設立，用於聯絡各要塞。嗣後逐漸推廣，但均限於軍用，民國後方漸及於一般用途。電話初僅有通商口岸中洋商使用，國人則於光緒二十六年，首先在南京興設，繼漸及於各大都市。長途電話直到清末，僅有北京至天津一線，民初仍不發達。

郵政起初僅為海關替各國使館郵遞文件。光緒二年（西元一八七六年）始收遞民信。嗣以各國商人在華辦理郵務，為維護郵權，總理衙門於光緒二十二年，正式設立郵政，仍由海關兼辦。宣統三年，始脫離海關獨立。

公路建設較遲，民初方行開始。民國十年，尚僅有一千餘公里。航空於宣統二年，清廷向法國訂購飛機一架，並在北京南苑設場試飛。民初由參謀本部開辦航空學校，培養人才。復設立機構，主管航空事宜。民國十年，開辦北京、濟南間定期航線，載客運郵，但旋即停辦。

二、礦藏開發

礦業中最重要的首為煤、鐵。煤礦用機器開採，甲午（西元一八九四年）前已有十餘處，嗣後陸續增加，但大半由外資或中外合資經營。迄於民初，純為華資所辦，年產量逾二十萬噸者，僅有九家，其產量總和，尚不及中、英合營的開灤礦務局一家。鐵礦自漢冶萍公司大冶礦開採，直到民國三年，尚僅此一家[2]。民國四年起，方有新礦場興辦。所產礦砂，約半數輸出，供外國冶煉鋼鐵；我國所需鋼鐵，則半數以上仰賴進口。

其他金、銅、錫、鉛、鋅、汞、銻、鎢、錳、石油等皆有出產，惟多產量不豐；僅銻與鎢居世界第一位，產量為世界總產量之大半。

三、工商發展

甲午戰後，外人依《馬關條約》得在華設廠製造，為資對抗，朝野無不致力於工業的發展。光緒二十九年（西元一九〇三年）成立商部，繼而改為農工商部，對工業投資、經營與工業人才培養，都予以積極的支持與鼓勵。於是，各種輕工業，均於此一時期建立或具有規模。民國三年（西元一九一四年），歐戰爆發，列強一時無暇東顧，給予我國工商界極其有利的環境。迄於民國九年，不論工商公司行號與投資，均較前大為增加。

2 大冶鐵礦於光緒十七年已開始開採。光緒二十四年，漢陽鐵廠與大冶鐵礦、萍鄉煤礦合併組成漢冶萍公司。

商業於清末亦頗有發展，設立商部，顯示重商之意。嗣改為農工商部，仍設有商務司掌管全國商務，鼓勵其發展，並保障商人權益。編訂商律，陸續制定各種有關商務法規，並於京師設立總商會，省及各州縣設立分商會，以為民間策進商務及與官府溝通之機構。民初繼續發展，商人地位大為提高。

四、農業生產

農業在我國雖一向被視為立國之本，但在晚清模仿西法、振興實業的過程中，卻起步較遲。甲午戰後，雖已有報刊鼓吹改良，且有《農學報》月刊發行，卻僅止於宣傳與介紹，戊戌以後才漸有官方協同地方士紳試行推動實際的改良。光緒三十二年（西元一九〇六年），設立農工商部，內有農業司專理全國農政。隨之，各省及州縣，設立農會，開辦農業學堂，成立農業講習所、農業試驗場、蠶桑改良場等等，似呈蓬勃氣象。民國初年此類改良仍然繼續。然究其實際，效果並不顯著。一則觀念不能配合，農業改良的效果，不像工商容易立竿見影，所以政府對之不若對工商的重視；一般農業學校，青年多不願報考，畢業者亦不願親自下田耕作與實地指導農人。二則耕地不足，土地分配不均，佃農比例偏高，加以賦稅沉重，災荒頻仍，農民無力改善其生產條件。三則農民習於安常，樂天知命，多不熱切於求變與革新。

五、新都市興起

都市能促進貨物生產與分配的效率，並可使個人與社會以至地域之間，關係趨於緊密，因而不僅為經濟發展的中心，也為文化傳播的據點。從前城市的形成，或由於政治，如國都、省城，甚至府城等，亦即行政中心；或由於軍事，如有大軍駐紮；或由於交通，如要道、運河等所經，陸海轉運交會；或由於經濟，如物產與交易所集中。近代新興的都市，則以交通、經濟的因素為主，另外新增一項外力的因素。新式交通工具如火車、輪船的通行，使運輸量大為增加；新式工業的興起與內外貿易的擴張，使若干城鎮成為物產集散的中心，乃促成了都市的興起。外力的介入，則不但加速其交通與工商業的發展，而且往往也使其成為西方科技與思想觀念散播的中心，這在沿海、沿江許多通商口岸最為顯著。如上海，在五口通商之前，僅為一個相當荒涼的小城，通商之後，迅速發展成南洋、北洋與中外貿易的總匯。如漢口，原來在武漢三鎮之中，不僅遠不及行政中心的武昌，即漢陽亦不能及。但開埠之後，由於輪船通航與鐵路興建，也迅速形成大都市，凌駕了武昌。若干非沿江、沿海的城鎮，如江蘇無錫，雖為太湖流域魚、米、蠶絲之鄉的交通樞紐，但因其無水道可通沿海，故並不繁榮；及滬寧鐵路通車，不僅其鄰近地區的經濟作物，因外貿而繁興，且成爲紡織與繅絲業的中心。

【研究與討論】

一、輪船、鐵路等的效用及其所發生的影響。
二、清末民初我國礦業的概況及其特點。
三、歐戰期間我國實業何以能蓬勃發展？
四、農業改良成效不著的原因。

第三節　文化與思想的演進

一、新制教育的建立

新式學校的建立，在自強運動時期已經開始，但只是由少數機構或督撫所辦，零星而分散。戊戌變法期間，曾諭令建立各級學堂，卻並沒有施行。庚子後舉辦新政，方有全面的改制。光緒二十七年（西元一九〇一年），詔令改各省書院為學堂，省城及府、州、縣分設大學、中學、小學及蒙養學堂。二十九年，頒布學堂章程。三十一年，詔令自明年起，所有鄉、會試等一律停止。設立學部，高等教育歸學部直隸，中等以下學堂歸各省新設提學使管轄。各省乃紛起開辦各種學堂。公立之外，私人興學亦蔚然成風。如前此在天津設立由張伯苓主持的一所私立學堂，於光緒三十年改為中學，宣統三年（西元一九一一年）定名為南開中學，民國八年（西元一九一九年）改制為南開大學。至宣統元年（西元一九〇九年），全國高等學堂學生約四千餘人，專門學堂約兩萬餘人，普通中學堂約四萬餘人，實業及師範學堂亦約四萬餘人，小學堂約一百五十餘萬人，惟師資設備均極缺乏。女子學堂雖亦設立，人數極少。留學風氣甚盛，去日本者最多，光緒三十二年（西元一九〇六年）時，已達萬人。

綜觀清末的教育改制，雖在品質方面並未達到預期的標準，但仍有其劃時代的意義。兩千餘年以私家爲主的教育、千餘年的科舉制度與五百餘年的八股考試，均於此告終。嗣後，教育成爲國家要政之一，學科的種類與內容大爲擴充，融會廣闊的知識，配合時代的需要。

入民國後，教育的發展，繼續進行。在制度方面，將學部改爲教育部，各省起初設教育司，後改教育廳。學制與清末大體相近，僅名稱略有更改。直到民國十年（西元一九二一年）以後，才有較大的變更。

二、新文化運動

新文化運動發生的背景，爲自清季以來，中國的內憂外患，有增無已，自強運動與變法、立憲均不成功，革命所獲得的共和體制，仍然無法正常運作，弊端百出。若干知識分子便認爲這是因中國傳統文化不良所造成，欲振衰起敝，必須做全盤革新。如此，便產生了所謂的「新文化運動」，其內涵大要爲對傳統文化的檢討、新思想的引進與新文學的提倡，其目的在創造新文化。

對傳統文化的檢討，清朝後期已經開始，譚嗣同對孔孟以下儒家的批評，便是其中之一。民國初年對儒家思想極度不滿的可以陳獨秀等爲代表。他們認爲儒家學說是發展民主政治與建立新思想、新學術、新國民的障礙，因而予以猛烈的批評與攻擊。這自然對中國傳統文化造成極大的傷害。新思想的引進，雖然他們期望的目標爲民主與科學，但由於求效心切，對所有西方流行的學說與思想，一律加以介紹；其是否適合我國情，是否會產生弊害，很少加以考慮。於是各種外來的思潮，紛然雜陳。新文學的提倡，主要發起者爲胡適與陳獨秀等。民國六年（西元一九一七年），胡適在《新青年》發表其〈文學改良芻議〉，提出「須言之有物，不摹仿古人，須講求文法，不作無病呻吟，務去爛調套語，不用典，不講對仗，不避俗字俗語」八項原則。接著，陳獨秀亦發表其〈文學革命論〉，主張建設平易的、抒情的國民文學，新鮮的、立誠的寫實文學，明瞭的、通俗的社會文學。民國七年，《新青年》開始用白話文編排。他們的意見，獲得廣泛的響應。於是，接近口語的白話文逐漸通行。

綜觀新文化運動，誠有其重大的缺點，使傳統文化受到傷害，造成國家民族的災禍。但其正面的貢獻亦應予以肯定，如新思潮的引進，擴大了國人的思想境界與知識領域，使民主與科學的觀念深入人心；新文學的提倡，有助於教育的普及、知識的傳播，均甚有裨於我國民主政治的建立與學術文化的發展。民國八年（西元一九一九年）所發生的「五四」愛國運動，與新文化運動亦有密切的關聯。

三、傳統文化的調適

新文化運動對中國傳統思想，尤其是儒家，雖造成傷害，實際上並不像一般感覺的那樣嚴重。因爲中國文化自有其博大精深的內涵，儒家思想自有其顚撲不破的眞理。批評與攻擊，僅將其權威性與若干不合時宜的部分滌淨磨光，其眞正價值所在，不但不會損毀，反而更易彰顯，並隨時代而豐富其意義，發揮其作用。

當儒家思想遭受到猛烈攻擊之時，不但維護傳統的人，出而爲其辯護，從各方面探討，以證明其價值，如梁漱溟、康有爲等人；若干持中庸態度的知識分子，也認爲新文化運動者持論太偏，起而爲傳統的優長加以闡釋，如梁啓超等人。這兩派不同之處爲：前者認定儒家思想爲最優越，爲世界所有其他文化所不及；後者則認爲東方與西方各有其優劣，應兼取其長處，以造成一種新的文化。兩者都促使儒家傳統的優長，得以發揮，其後，遂有「新儒學」產生。就是當時批評儒家的新文化運動倡導者，也有人逐漸發現儒家精髓之所在，而給予孔子、孟子等以極高的評價，如胡適等人。此外，因儒家已不再被獨尊而漸失其權威性，其他諸子之學亦獲得重視。

【研究與討論】

一、清末建立新制教育的經過與意義。

二、新文化運動的內涵與其利弊得失。

三、儒家思想雖遭受猛烈的抨擊，何以仍然能存在而且繼續被發揚？

第二十六章

南北分裂與統一

第一節　軍閥割據與混戰

一、軍閥的派系與特質

從民國六年（西元一九一七年）督軍團叛變，到十七年（西元一九二八年）國民革命軍統一全國之前，是軍閥的割據與混戰時期。這時期的軍閥，大多分布在北方及長江流域，主要的有段祺瑞的皖系，馮國璋、曹錕、吳佩孚的直系，張作霖的奉系，馮玉祥的國民軍系，以及孫傳芳的新直系。南方也有軍閥，有唐繼堯的滇系、陸榮廷的桂系。此外，各省還有一些小軍閥。

軍閥是以軍隊作爲私人的工具，罔顧國家的法律與社會的秩序；以武力爲後盾，保持和擴張自己的地盤。大的軍閥據有數省，小的軍閥據有一方。爲了爭奪地盤，不斷發生戰爭。

二、督軍團叛變與復辟事件

黎元洪繼任總統，恢復《約法》，重開國會，補選江蘇督軍馮國璋爲副總統，軍政實權操在國務總理段祺瑞之手。段祺瑞惡《約法》，蔑視國會，藉參加第一次世界大戰爲名，勾結日本，擴張勢力，消除異己，受到國會及黎元洪的反對。民國六年（西元一九一七年）四、五月間，段祺瑞召集各省附己的督軍到北京舉行督軍團會議，並唆使僞「公民請願團」脅迫國會，定要將參戰案通過。國會議員大憤，要求改組內閣。黎元洪將段祺瑞免職，依附段祺瑞之各省督軍宣告獨立，脫離中央，是爲督軍團叛變。

安徽督軍張勳盤踞徐州，頑固驕橫，聯絡各省軍人，陰謀復辟，故未附和督軍團叛變。迨黎元洪召張勳北來調停，張即逼黎解散國會，督軍團取消獨立。張勳卻於七月一日擁清廢帝溥儀復辟。黎元洪一面請副總統馮國璋代理總統，一面重任段祺瑞爲國務總理。段祺瑞舉兵討張勳，復辟失敗。

三、護法戰爭與南北和議

復辟事平後，馮玉祥入北京就任總統。國務總理段祺瑞不允國會恢復，逕由國務院通過對德、奧參戰，自兼參戰督辦；對日訂立軍事及借款密約，以國家權利為交換；擴充軍備，對內實行武力統一政策。六年十月，派兵入湘。當時孫中山先生已在廣州成立軍政府，號召護法，組粵、桂聯軍援助湘省護法軍，以禦北軍，史稱護法戰爭。北方馮玉祥、段祺瑞不協，馮玉祥授意入湖南之北軍將領通電停戰，並自湖南退兵。七年一月，段祺瑞再度對湖南用兵，師長吳佩孚節節勝利，以不獲湖南督軍，遂在衡陽屯兵不前。

直系軍閥勢力在長江流域各省，為求自保，不願段祺瑞對南方用兵。桂系軍閥陸榮廷據有兩廣，以湖南為緩衝，藉護法以扼段祺瑞，思聯直系以自固。七年五月，陸榮廷勾結國會中一部分議員[1]改組軍政府為七總裁制（委員制），孫中山先生離粵，岑春煊任主席總裁，擬與北方軍閥妥協。十月，北方「安福系國會」[2]選出徐世昌為總統，時值第一次世界大戰結束，國內外和平空氣非常濃厚。徐世昌為獲取南方對其總統地位之承認，乃以和平統一為號召。八年二月，南北各推派代表多人，在上海舉行南北和平會議。南方代表唐紹儀、胡漢民承孫中山先生之意旨，堅持恢復國會，取消《中日密

1國會於民國六年六月第二次被解散後，一部分國會議員到廣州集會，以不足法定人數，組成非常國會。
2段祺瑞新成立之國會，由其安福俱樂部操縱，故稱安福系國會。

約》。北方代表不能答應，致和議無成。

四、直皖戰爭與聯省自治

馮國璋死後，直隸督軍曹錕成為直系的領袖，以其部將吳佩孚為中堅。吳佩孚入湖南後，公開電詆段祺瑞，逕與南軍妥協，自湖南撤防。民國九年（一九二〇年）七月，直、皖兩系大戰於北京附近，奉天督軍張作霖兵助直系，皖系大敗。北京政府遂由直、奉兩系所控制。

北軍南下，湖南省受禍最深。湖南人熊希齡倡聯省自治[3]，以避戰禍。直、皖戰起，北軍撤出湖南，省長譚延闓宣布自治。十年四月，湖南完成省憲法草案，並選舉省長。時南方各省軍閥，地狹力弱，但圖自保，均贊成聯省自治。北方直系軍閥，地廣兵衆，反對最力。孫中山先生認為中國戰亂，由於軍閥目無法紀，大軍閥自恃暴力，固應摧毀；小軍閥藉聯省自治以自固，亦非眞正自治。

[3] 各省先訂省憲，實行自治，再組聯省會議，制定聯省憲法，完成統一。

五、直奉第一次戰爭與曹錕賄選

直、皖戰後，直、奉兩系發生利害衝突。奉系張作霖爲控制北京中央，擁財閥梁士詒爲國務總理。吳佩孚通電反對，奉系張作霖爲梁士詒聲援，派兵入關。民國十一年（西元一九二二年）四月，直、奉兩軍在北京附近開戰，奉系兵敗，張作霖宣布東三省自治。是爲第一次直、奉戰爭。

直系戰勝奉系後，氣燄益張，以「恢復法統」爲名，迫總統徐世昌去職，迎黎元洪回任，國會重開。黎元洪在位一年，復爲直系所逐。民國十二年（西元一九二三年）十月，曹錕以巨金賄買國會議員當選爲總統。

六、直奉第二次戰爭與軍閥混戰

曹錕賄選後，各方群起聲討。奉系張作霖與皖系殘餘浙江督軍盧永祥聯合反對直系。民國十三年（西元一九二四年）九月，直系以閩（福建）、蘇（江蘇）、皖（安徽）、贛（江西）四省兵力攻盧，奉系張作霖出兵攻直系，吳佩孚禦奉軍於山海關，直、奉第二次戰爭爆發。結果盧永祥敗，浙江爲直系孫傳芳所得。北方則直系將領馮玉

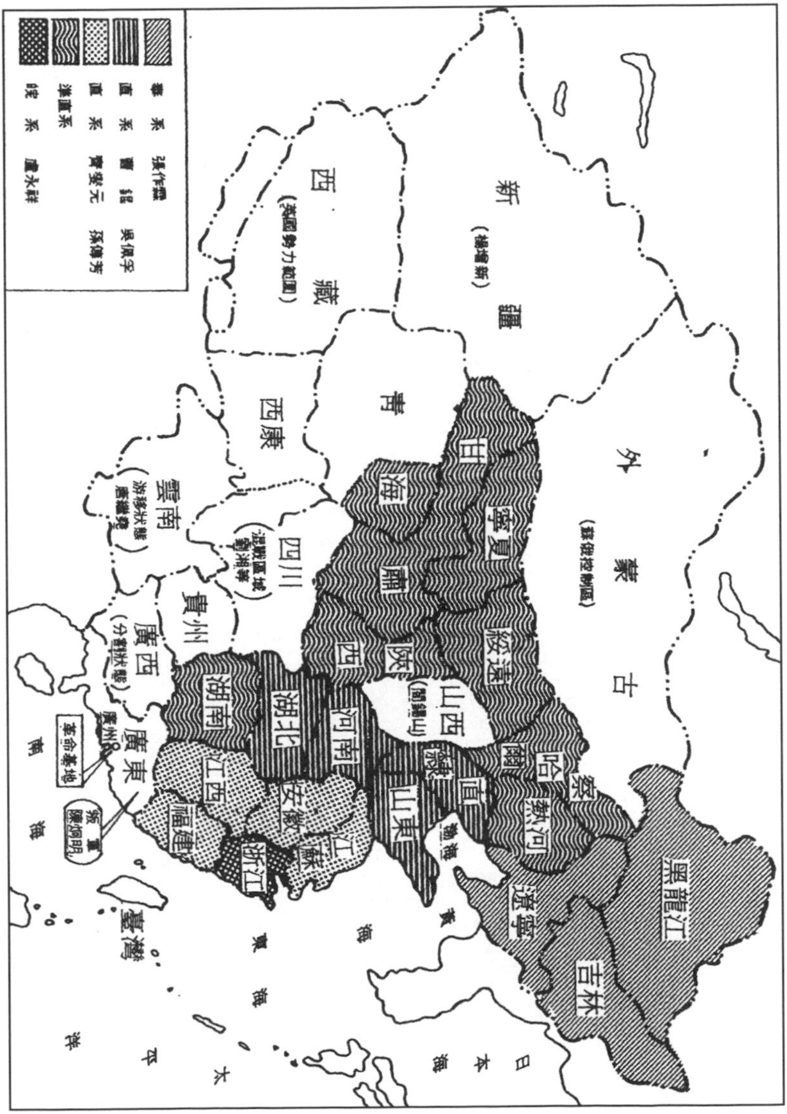

民國十三年各省軍事勢力分布圖

祥倒戈，入據北京，改稱國民軍，囚曹錕。直系潰敗，吳佩孚逃往湖北。馮玉祥、張作霖擁段祺瑞爲北京政府臨時執政。

直系之曹錕、吳佩孚敗後，北方成爲馮玉祥、張作霖控制的局面。民國十四年（西元一九二五年）秋，奉軍南下，奪取直系在長江下游的地盤。孫傳芳自稱浙（浙江）、閩、蘇、皖、贛五省聯軍總司令，拒退奉軍。自是孫傳芳有五省，成爲新直系。同時，吳佩孚再起於湖北，參加反對奉系。馮玉祥軍亦向奉系進攻。奉系駐河北灤州將領郭松齡聯馮玉祥倒戈，率師出關。張作霖得日本之助，反敗爲勝。

十五年春，張作霖與吳佩孚修好，自南、北合攻馮玉祥。馮玉祥不敵，退出北京，敗走綏遠。

段祺瑞雖爲執政，已無實力，復爲張作霖、吳佩孚所不容，臨時執政政府遂被取消，由內閣攝政，實際上已成爲無政府狀態。東北、華北屬於張作霖；豫、鄂屬於吳佩孚；東南屬於孫傳芳。

【研究與討論】

一、研討軍閥割據時期，北京政府幾位總統的產生及去職經過。

二、試將北方各系軍閥混戰時間及勝敗情況做一簡表。

三、討論軍閥罔顧法紀的事實。

第二節　護法運動與北伐統一

一、護法的起因與經過

民國六年（西元一九一七年）因督軍團叛變而至國會被解散，《約法》無由施行，國無法紀，軍閥橫行。爲鞏固民國，孫中山先生號召護法，討伐叛逆。響應者除部分國會議員外，有西南數省軍政人員，以及駐在上海的海軍。七月，孫中山先生率海軍艦隊

二、中國國民黨改組與黃埔建軍

「五四」運動以來，民族主義思潮高漲，三民主義漸為青年所景仰。民國八年（西元一九一九年）十月，孫中山先生改中華革命黨為中國國民黨，並完成《建國方略》[4]，以為「革心」工作。民國十一年（西元一九二二年），陳炯明的叛變，更促進孫中山先生改組國民黨的決心。民國十三年（西元一九二四年）一月，在廣州召開中國國民黨第一次全國代表大會，改訂黨章，發表宣言，實行黨的改組，以健全黨的組織，嚴明紀律，注重宣傳。這次國民黨的改組，在求實現三民主義，結合民眾，掃除軍閥割據，以求中國之統一與獨立。為普及三民主義思想，孫中山先生自民國十三年一月至八月，一系列講演三民主義十六講。

孫中山先生改組國民黨時，同時任命蔣中正先生創辦陸軍軍官學校於廣州黃埔（簡稱黃埔軍校），培養革命軍官，軍事與政治訓練並重。民國十三年（一九二四年）六月十六日舉行開學典禮，孫中山先生親致訓詞（即今日之國歌歌詞），勉以重新創造革命

4 孫中山先生將《孫文學說》、《民權初步》、《實業計畫》三書，合稱《建國方略》。

事業。其後國民革命軍之建立與統一中國，實由黃埔建軍奠定基礎。

三、孫中山先生逝世與兩廣底定

直、奉第二次戰爭時，孫中山先生亦至韶關督師北伐。不久，直系敗覆，孫中山先生即應反直各系之邀北上，商討解決國是。發表宣言，主張召開「國民會議」及廢除不平等條約，目的在打破軍閥之割據，以求中國之統一；消除列強之侵略，以求中國之獨立。惟段祺瑞在北京成立臨時執政政府，決定召開「善後會議」[5]並承允尊重所有條約。孫中山先生深爲憤慨。當抵北京，病勢沉重，於民國十四年（西元一九二五年）三月十二日逝世，其革命精神更感召全國。

孫中山先生臥病北京時，廣東東江陳炯明叛軍乘機進犯廣州，駐廣州之滇、桂軍[6]觀望不前。蔣中正先生以黃埔軍校師生及教導第一、二團合四千人，組成校軍，配以一部分粵軍，於民國十四年二、三月迎擊叛軍，連戰皆捷，克復廣東潮、汕。此爲第一次

5「善後會議」是以軍閥及官僚為代表。孫中山先生主張的「國民會議」是以民眾團體為代表。
6 滇軍楊希閔部及桂軍劉震寰部均屬廣州革命政府，驕橫跋扈，不聽命令。

東征。

孫中山先生逝世後，滇、桂軍在廣州謀叛。蔣中正先生率校軍回師靖亂，將其擊潰，革命政府聲威大振。七月一日，成立國民政府。八月，整編各軍，編成國民革命軍六軍。十月，二次東征，東江叛軍全潰，底定廣東全省，廣西亦加入國民政府，隨即準備北伐。

四、國民革命軍出師北伐

民國十五年（西元一九二六年）六月，蔣中正先生任國民革命軍總司令，七月，率師十萬，誓師北伐。時軍閥吳佩孚據豫、鄂，勢力遠及湘、川；孫傳芳據東南五省；東北及華北爲奉軍張作霖及其附屬之直、魯軍張宗昌所據。以上各軍閥合計擁兵約百萬。

革命軍出師北伐後，勢如破竹。兩月之間，克長沙、岳州，大破吳佩孚主力於鄂南。繼克武漢，兩湖底定，吳從此一蹶不振。繼克九江及南昌，孫傳芳精銳盡失。同時，革命軍亦自粵東進入福建。民國十六年春，先後克杭州及上海、南京。六月，革命軍分別自武漢及南京北伐，破奉、魯軍於鄭州及徐州。

西北馮玉祥的國民軍、山西閻錫山的晉軍，均響應革命軍。是以出師不到一年，革命勢力奄有大半中國。

五、清黨與寧漢分裂

民國六年（西元一九一七年）十一月，俄國共產黨革命成功後，開始宣傳「世界革命」。十年，派人來華，組成中國共產黨，表示贊成三民主義，參加國民革命，反對軍閥及帝國主義。孫中山先生在改組國民黨時，允許中共黨員以個人資格加入國民黨，共同致力國民革命。孫中山先生逝世後，共黨結合國民黨內部部分勢力，展開權力爭奪[7]。

民國十六年（西元一九二七年）四月，蔣中正總司令接受中央監察委員會之檢舉和中央的決議，斷然決定清黨，清除軍中及黨部之中共分子。

革命軍克武漢後，國民政府及中央黨部自廣州北遷武漢，但共黨掌握了控制權。蔣中正發動清黨之後，定都南京，國民政府遂成寧漢分裂之局。共黨迎汪兆銘到武漢以對

7 民國十五年（西元一九二六年）三月二十日，蔣中正座艦中山號艦長李之龍（為共黨分子）受俄顧問及汪之指使，擬趁蔣中正乘艦時，劫持出國。被發覺，李被捕，並撤換俄顧問。是為中山艦事件。

抗南京。七月，汪兆銘發現共黨圖謀，遂與中共分離，是爲武漢分共。九月，寧漢再度合作，國民政府仍設南京。

六、完成北伐全國統一

寧漢分裂期間，國民黨部分軍政人員認爲只要蔣總司令去職，即可合作。蔣總司令爲促成團結，於民國十六年八月辭職。孫傳芳軍乘隙偷渡長江，威脅南京，經激烈苦戰，被殲於龍潭。是爲龍潭之役。

民國十七年（西元一九二八年）一月，蔣中正總司令受各方敦促，復出領導。四月，合馮玉祥、閻錫山所部之革命軍，再度北伐。五月一日克濟南，六月八日克北京。中央即將直隸省改稱河北省，北京改稱北平。奉軍首領張作霖兵敗出關，被日本人炸死於瀋陽附近之皇姑屯。其子張學良於年底宣布東三省服從國民政府。

革命軍自廣州出師北伐，至克復北京，完成北伐，及東三省易幟，全國統一，前後爲時不過兩年半，爲戰史之創舉。綜其原因，在革命軍方面，服膺三民主義，救國救民。軍閥方面，據地自雄，禍國殃民，爲人民所深惡痛絕，雖地廣兵多，仍不免潰敗。

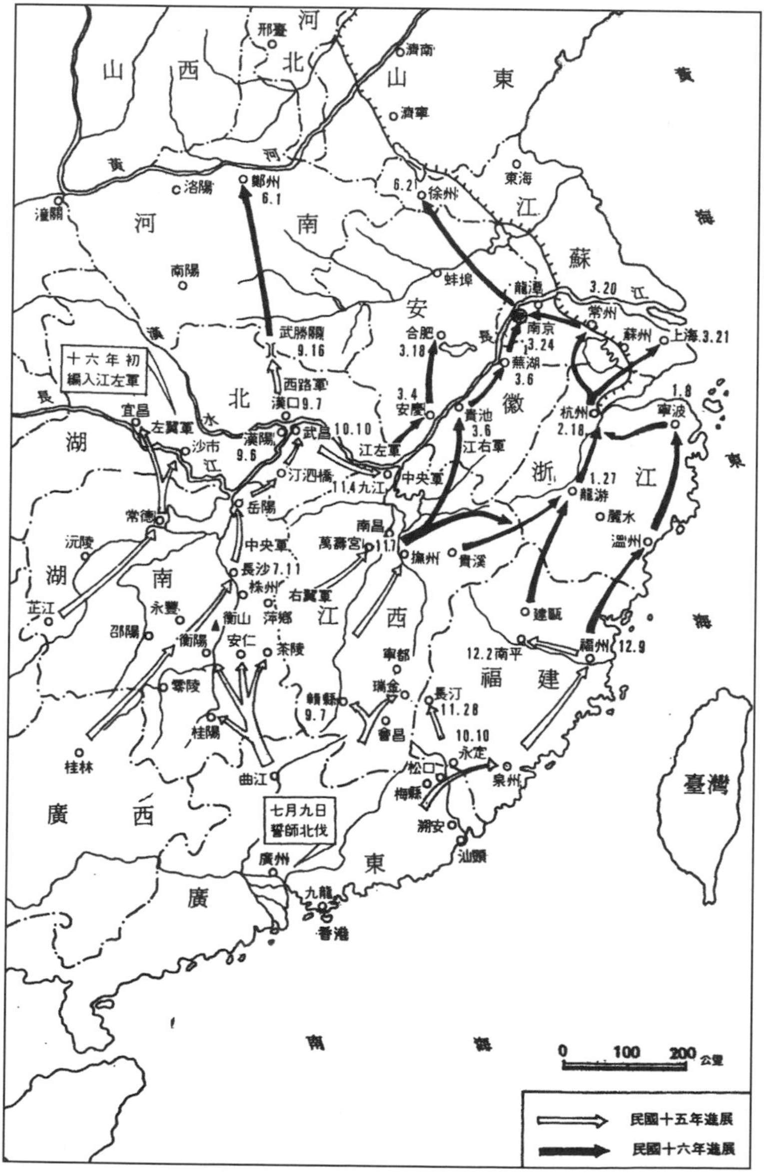

國民革命軍北伐進展圖（民國十五至十六年）

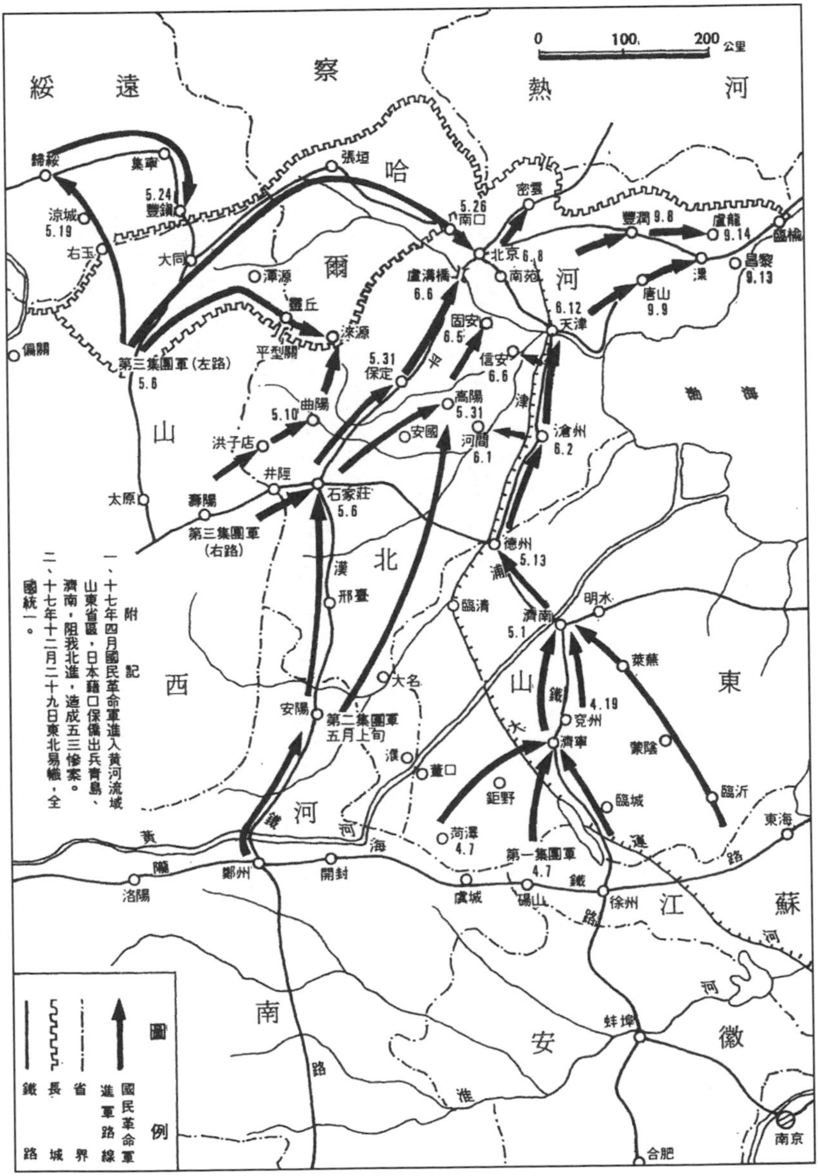

國民革命軍北伐進展圖（民國十七年）

【研究與討論】

一、試述孫中山先生護法的目的及經過。
二、試述國民黨改組的原因與意義。
三、將北伐前北方軍閥的分布地區及革命軍北伐路線做一簡圖。
四、試述國民黨清黨之原因及其影響。

第三節　南北分裂時期的中外關係

一、分裂時期各方對外態度

自民國六年（西元一九一七年）督軍團叛變，到十七年（西元一九二八年）革命軍完成北伐前，中國處於南北分裂時期。北方之北京政府為軍閥所操縱，列強為保持及擴大在華特權，始終承認北京政府並支持軍閥。各系軍閥亦各有其國際背景，皖系及奉系親日，直系親英、美，國民軍系接近蘇俄。

南方由廣州軍政府至南京國民政府，始終反對北方軍閥與列強之侵略政策。因受軍閥和列強的壓迫，自民國十二年起（西元一九二三年），孫中山先生與蘇俄聯絡，目的在聯合世界上以平等待我之民族，共同奮鬥。至民國十六年（西元一九二七年），以國民黨、共產黨連串紛爭，國民政府遂與蘇俄斷絕關係。

南北分裂時期，南北均曾有重大外交案件，分述如後。

二、巴黎和會與「五四」運動

民國七年（西元一九一八年）十一月，第一次世界大戰結束。翌年一月，在巴黎召開和會，商討處分戰敗國問題，中國亦爲戰勝國之一，德國在山東權利，應由中國收回。美國總統威爾遜（Thomas W. Wilson）曾倡廢止秘密外交，實行民族自決，一時公理正義的呼聲頗高，中國對和會的期望亦大。和會實際由英、法、美、日、義五國操縱。日本堅持無條件繼承德國在山東的一切權利，並云已由中、日商妥。消息傳來，人心憤激，北京各大專學校學生示威抗議，以「外爭主權，內除國賊」爲口號，引起各地響應，是爲「五四」運動。終以英、法與日早有諒解，美亦不能堅持正義，竟允日本所請。中國代表受「五四」愛國運動的影響，拒簽和約[8]。

三、華盛頓會議與九國公約

第一次大戰期間，日本在中國及太平洋的勢力大爲擴張；巴黎和會中，山東問題未獲公正解決；美國國會拒絕批准對德和約。復以美、日衝突愈烈，英國亦感不安。各國競擴軍備，太平洋情勢嚴重。爲緩和緊張情勢，民國十年（西元一九二一年），美國邀約太平洋有關各國舉行華盛頓會議。討論主題，一爲限制軍備；一爲《九國公約》。前者由美、英、日、法、義五國參加，限定五國主力兵艦的比例；後者更加上中、荷、比、葡四國，成立《九國公約》，要點有：尊重中國主權獨立及領土的完整，各國在華的工商業機會均等，不得營謀特權，也不許妨礙彼此的安全。此爲美國對華門戶開放政策的再確定。山東問題，中、日雙方在會外談判解決，由中國備款贖回膠濟鐵路，日本歸還膠州租借地。《九國公約》對北京政府地位之鞏固頗有增進。惜北方軍閥忙於內

8民國八年九月，中國宣告對德戰爭終止。十年，中德另訂平等新約。

戰，未能善加利用。

四、中俄北京協定與奉俄協定

蘇俄為謀對華建交，爭取中國人的同情，民國八年（西元一九一九年）七月，趁中國在巴黎和會失敗、人心憤懣之際，發表第一次對華宣言，聲明無條件放棄帝俄時代一切在華特權，並交還中東鐵路。翌年九月，又發表第二次宣言，雖重申前義，但卻拒絕無條件交還中東鐵路，並提出種種要求。一九二一年，藉驅逐帝俄殘餘勢力，派紅軍進入外蒙及唐努烏梁海，並樹立傀儡政權。翌年，派代表越飛（Adoef A. Joffe）來華談判建交，中國要求撤退外蒙紅軍，越飛則提出邊境駐兵及通商問題，致談判未成。

民國十二年五月，津浦路客車在山東臨城被匪所劫，二十餘名外國人被擄，各國準備武力干涉，全國憤激。蘇俄又派加拉罕（Leo Karahan）東來，大肆抨擊列強。但與北京政府談判時，條件至苛。十三年五月，成立《中俄北京協定》。其主要內容為：恢復中俄邦交；中東路問題由中俄會議解決，未解決前，由兩國共管。九月，復與奉系張作霖簽訂《奉俄協定》，雖使中東路成為中俄共管，實際仍由俄人支配。

五、五卅慘案與省港罷工

外人在華紗廠以日本為多，日人對中國工人待遇亦最苛，動輒毒打、開除。民國十四年五月，上海日廠槍殺華工，引起中國學生遊行示威抗議。三十日，公共租界英巡捕（警察）暴力干涉，槍殺遊行民眾，死傷數十人，是為「五卅慘案」。國內各地群眾示威抗議，均遭外兵及軍閥鎮壓。漢口亦在六月發生類似慘案。

廣州各界亦於六月二十三日舉行群眾大會，抗議五卅慘案。會後遊行示威，行經沙基，突遭沙面之英、法租界及兵艦射擊，死八十餘人，傷五百餘人，是為沙基慘案。廣州革命政府即向英、法駐廣東領事提出嚴重抗議，並支援香港、廣東工商界組織之省港罷工委員會，對英實行經濟絕交，是為省港罷工，持續十六個月之久，使繁榮的香港頓成蕭條之象，英國受打擊至重。至民國十五年十月，罷工事件始行解除。

五卅慘案與省港罷工，使中國反抗帝國主義運動達於高潮，有助北伐之進展。

六、南京事件

革命軍克復兩湖及江西後，列強如英、美、日等國對國民政府的態度亦有轉變，表示同情中國的民族運動。民國十六年一月間，國民政府收回漢口、九江英租界。此時共黨發動反英運動。兩湖地區外商，均遭抵制。三月二十四日，革命軍克南京，不幸發生劫掠英、美、日領事館及其他國家之商行、學校，並傷害外僑事件。英、美軍艦砲擊南京，中國軍民死傷多人，是爲南京事件。當時共黨聲言在上海暴動，擬衝入租界。外人緊張，派兵來華，事態至爲嚴重。蔣中正總司令急赴上海，警告各國力持鎭靜，表示負責制止暴亂，事遂緩和。

七、日軍製造濟南事件

民國十六年（西元一九二七年）四月，日本田中義一組閣，對華採取干涉政策。五月，革命軍指向徐州，日本出兵山東，準備阻止革命軍前進。直到蔣中正總司令下野，日始撤兵。十七年五月一日，革命軍克濟南，日本再度出兵山東。三日，日軍挑釁，在濟南慘殺交涉員蔡公時及中國軍民多人，是爲濟南事件，亦稱「五三慘案」。

蔣中正總司令派員與日軍交涉，日軍進攻不已。革命軍扼守濟南以南地區，主力繞道渡過黃河，完成北伐。日軍破壞北伐陰謀，終未能得逞。

【研究與討論】

一、試述北方各系軍閥對外的態度，以及列強對北京政府的態度。
二、試述華盛頓會議召開的原因及其結果。
三、扼要解釋下列各名詞：
(1)巴黎和會
(2)中俄北京協定
(3)五卅慘案
(4)省港罷工
(5)南京事件
(6)濟南事件

第二十七章

艱苦建國的十年

第一節　統一之鞏固

為鞏固統一，在北伐完成後，國民政府即實施訓政，編遣軍隊，召開國民會議，制定《約法》，增進對外關係，交涉不平等條約之廢除。

一、實施訓政

孫中山先生手訂《國民政府建國大綱》，訂國家建設之程序為軍政、訓政、憲政三時期。北伐完成，軍政時期隨之結束；為達憲政時期，應以訓政時期為過渡。憲政時期政權的行使，為國民大會。訓政時期政權的行使，由中國國民黨全國代表大會行使之；代表大會未開會時，由中央執行委員會行使之。中國久處專制政體下，國民對行使政權，尚無經驗；驟然行之，仍不免蹈民初共和失敗之覆轍，國民黨乃負起指導人民行使政權之責任。此為實施訓政的要義。

訓政時期，國民黨的任務，在中央方面：指導和監督國民政府行使行政、立法、司法、考試、監察五種治權；在地方方面：推行地方自治，培養人民行使政權的能力。

二、編遣軍隊

北伐期間，各地軍人紛紛歸向革命，蔣中正總司令均予寬大優容，以減少戰爭之痛苦，致兵額大增。爲指揮便利，編爲四個集團軍，兵員約兩百二十萬，東北、川、滇等地軍隊尙不在內。兵額過大，非國家財力所能負擔；且編制複雜，素質不齊，不合現代國防需要。爲求軍政、軍令之統一，消除割據積弊，必須整編軍隊。

民國十八年（西元一九二九年）一月，國民政府在南京召開國軍編遣會議，成立國軍編遣委員會，負責整理全國軍事。決定：取消集團軍總司令及總指揮等編制；全國分區編遣軍隊；除海軍外，將全國陸軍縮編爲八十萬人；軍費以國家總收入百分之四十爲限。

上項編遣辦法，第二、三、四集團軍總司令馮玉祥、閻錫山、李宗仁等均抗命反對，興兵作亂，中央不得已，下令討伐。民國十八、九年間，戰事遍及隴海、平漢鐵路沿線。叛軍敗降，中央不咎既往，仍予整編，國民政府地位趨於穩固。

三、召開國民會議制定約法

召開國民會議，原爲孫中山先生的主張。由於北伐及討逆戰事的影響，直到民國十九年（西元一九三〇年）十一月戰亂結束，中央始決定召開國民會議。民國二十年五月，國民會議在南京揭幕，出席代表四百四十多人，由農、工、商、教育等職業團體選出。會議的主要任務是通過《中華民國訓政時期約法》。約法對於人民的權利與義務、國計民生、國民教育、中央與地方權限、政府的組織等，都有規定；使國民政府在法理上的地位更爲增強，對於憲政之實施，有促進的作用。

四、增進對外關係與交涉廢除不平等條約

民國十六年（西元一九二七年）四月，國民政府奠都南京，外交政策爲取消不平等條約及爭取國際地位之平等。民國十七年三月，中美雙方以友好互諒的方式，解決寧案[1]。英、法、義等國隨之。國民政府獲得各國事實的承認。七月，外交部發表廢除不

1寧案是指民國十六年三月之南京事件。

平等條約之原則：一為中外條約已屆滿期者，當然廢除，另訂新約；二為尚未滿期者，則重訂之。其交涉中心，則為關稅自主和取消領事裁判權。關稅自主的交涉，首先獲得美國承認，其他各國隨之；惟日本延至民國十九年始行同意。取消領事裁判權的交涉，阻力較多。經與英、美等國交涉，未獲結果。國民政府決於民國二十一年（西元一九三二年）元旦自動廢除之，惜以民國二十年（西元一九三一年）發生「九一八」事變，未能實行。中國關稅自主，中央財政收入大增，對國民政府地位之鞏固，頗有裨益。

【研究與討論】

一、試述實施訓政的意義與內容。
二、試述北伐統一後編遣軍隊的原因及其障礙。
三、試述南京國民政府的外交政策和廢除不平等條約的經過。

第二節　俄日侵略與安內攘外

一、蘇俄侵略與中東路事件

《中俄北京協定》及《奉俄協定》簽訂後，蘇俄得藉使領館與中東路之便利，在華進行各項活動。民國十六年四月，北京政府搜查俄駐北京大使館，搜出大量活動文件。十二月，中共在廣州發動群衆事件，以俄駐廣州領事館爲策劃指揮中心。俄副領事哈西斯（Abram I. Hassis）亦參加，被捕處決。國民政府宣布對蘇俄絕交。

依據《奉俄協定》，中東鐵路由中俄共管，實際由俄人獨管。十八年五月，俄共在哈爾濱俄領事館密謀，中國派警搜查，逮捕俄人，內有中東鐵路俄籍職員。中國接管中東路，俄調大軍入侵，連陷同江、富錦、滿洲里、海拉爾，是爲中東路事件。

俄軍入侵時，東北軍旅長韓光第率軍抵抗，全旅官兵壯烈殉難。十二月，東北交涉員與俄簽訂《伯力協定》，恢復中東路原狀。

二、九一八事變與日本擴大侵略

日本軍人謀奪我東北，蓄意已久。張學良頗思振作，欲擺脫日人的控制，益使日人加緊侵略。民國二十年，先有長春附近之萬寶山農民與韓僑衝突，日本煽起朝鮮排華暴動，是爲萬寶山事件。復有日軍間諜中村望太郎在洮南（今吉林省內）失蹤，日方指爲中國所害，是爲中村事件。中日關係趨於緊張。九月十八日晚，日軍自毀瀋陽附近柳條湖南滿鐵路一段，誣爲中國破壞，遂即攻占瀋陽，是爲「九一八」事變。長春、營口等地同日被占，吉林省城繼之，東北各地相繼失陷。

「九一八」事變起，我國訴諸國際聯

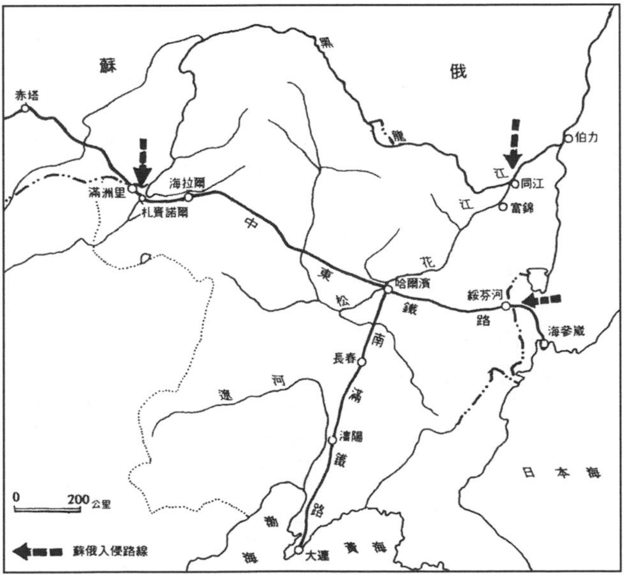

中東路事件蘇俄軍侵入東北圖（民國十八年八至十一月）

盟，促日撤兵，日軍不理，國人對政府頗多責難。國民政府主席蔣中正先生為求團結，辭職下野，林森繼任主席。日軍侵略更甚，又於二十一年一月二十八日攻我上海閘北，我軍奮勇抵抗，是為「一二八」事變。中央要求蔣中正先生回京，任軍事委員會委員長，負責指揮作戰。五月，成立《上海停戰協定》，日軍撤走。此役我軍表現犧牲不屈的精神，加強民族抗戰的信心，國際視聽為之一變。

日軍占據東三省後，我東北守軍馬占山及各地義勇軍仍艱苦作戰。二十一年三月，日自天津挾持清廢帝溥儀為傀儡，於長春成立偽「滿洲國」。國聯不予承認，日本退出國聯。二十二年三月，日軍又攻占熱河，併入偽滿。四、五月間，日軍進犯長城各口，我軍英勇抵抗。日軍進逼北平，乃簽訂《塘沽協定》，以冀東為緩衝區。

二十四年十月，日軍又在華北製造緊張局勢，其外相廣田弘毅向我國提出所謂三原則：一為中日親善，取締排日；二為承認偽滿，加強經濟合作；三為中、日、滿共同防共。目的在控制整個中國的文化、政治、經濟與軍事，中國拒之。日軍乃利用漢奸殷汝耕成立冀東偽組織，我國不予承認。

三、攘外必先安內

自民國十六年七月武漢分共後，中共與國民政府衝突加劇。中東路事件時，中共提出「擁護蘇聯」、「武裝保衛蘇聯」等口號，中共人員周恩來、葉劍英等由俄潛入東北，助俄作戰。

「九一八」事變後，二十年十一月，中共在江西瑞金成立「中華蘇維埃共和國」，雙方衝突進一步擴大。

國民政府當時決定要抵禦外侮，必須先除內患。故在上海停戰後，蔣委員長提出攘外必先安

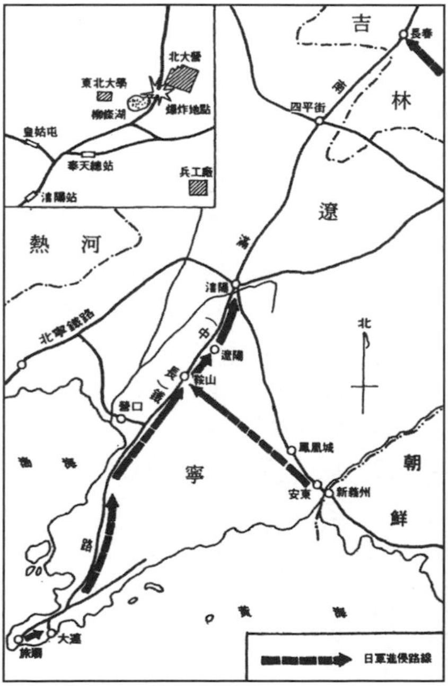

九一八事變日軍侵略東北圖（民國二十年九月十八至十九日）

內的政策，以剿共來完成抗日的準備。二十一年，肅清豫、鄂、皖等省邊區的共軍；二十三年十月，江西共軍展開所謂「兩萬五千里長征」，國軍尾隨追擊，深入黔、滇、川各省。次年，中共殘部抵達陝北，勢力大衰。

國軍深入西南各省，加強了國民政府對西南的統治與開發。有了鞏固的大後方，有利後來的對日抗戰。

四、蔣委員長最後關頭演說

民國二十四年（西元一九三五年），剿共作戰結束，國府威及西南各省，建設事業亦突飛猛晉。日本外相廣田提出三原則，迫我承認，蔣委員長決定對日強硬，準備一戰，集重兵於平漢、津浦、京滬路沿線。是年十一月，邀集各地軍政要員至南京參加中國國民黨第五次全國代表大會。蔣委員長在大會中發表外交方針，表示：「和平未到絕望時期，絕不放棄和平；犧牲未到最後關頭，亦不輕言犧牲。」意即中國願對日本和平，惟不退讓；和或戰，任日本自擇。是為著名的「最後關頭」演說，日亦知難而退。

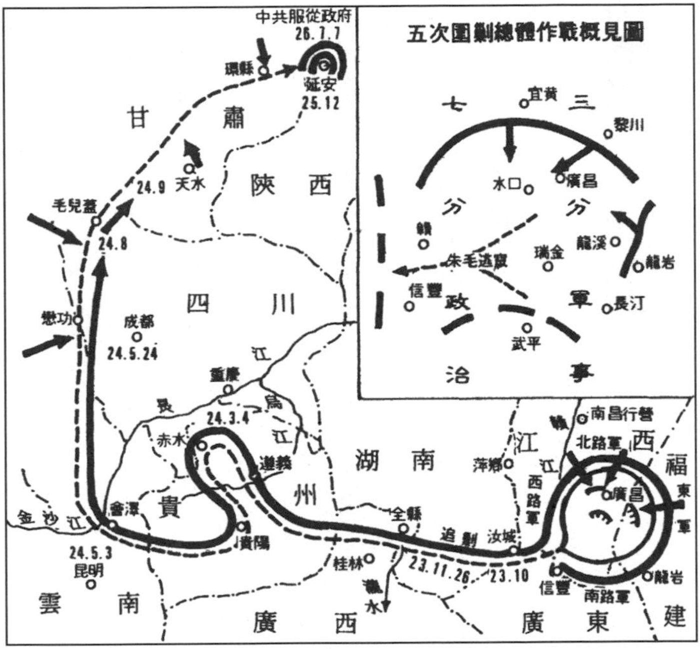

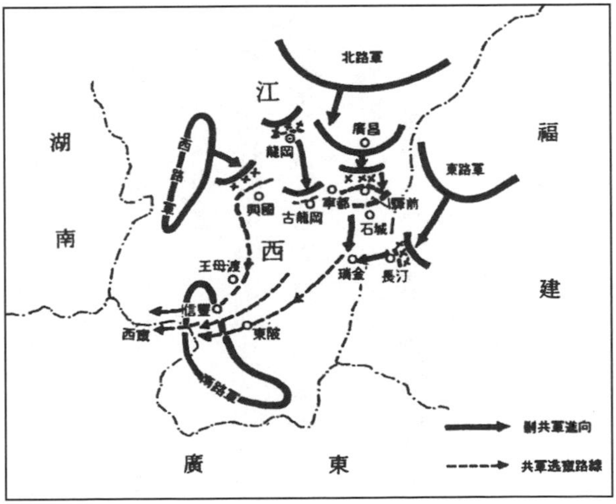

第五次圍剿共軍及進剿經過要圖

五、西安事變

中共抵達陝北後，蔣委員長調集大軍，準備做最後之剿滅。其中有張學良之東北軍及楊虎城之西北軍，亦參加剿共作戰。中共向東北軍宣傳「停止內戰，共同抗日」，致官兵意志動搖，張學良與楊虎城聯合，決定停止剿共。蔣委員長為穩定軍心，親臨西安。民國二十五年十二月十二日，遭張、楊劫持，是為西安事變。

事變之日，張學良、楊虎城領銜發出通電，要求改組政府，停止剿共。此一行動，震動中外。南京中央緊急應變，討撫並用，數日後張學良親送蔣委員長回京，事件乃告落幕。

西安事變後，舉國抗日精神趨於一致，使日本有所警覺，乃加速其侵略行動，致對日抗戰提前爆發。

【研究與討論】

一、列舉艱苦建國十年中的外患與內憂。

二、說明蔣委員長的安內攘外政策。
三、試述西安事變的原因及其影響。

第三節　改革與建設

一、北伐前後的社會經濟

清末民初以來，動亂頻仍，社會不安。軍閥割據時期，窮索敝賦，農村破產，游民充塞，兵匪不分。重要工商企業多操外人之手。中央可靠稅收，如海關、鹽稅，多已抵押外債。地方稅收，軍人把持。維持現狀，已有困難；建設更不可能。民生疾苦，國家凋敝。

北伐統一之初，百廢待舉。初有軍人反叛，繼有外敵入侵，青年學生情緒激動，埋怨政府。學界泰斗如蔡元培者，竟被學生毆傷[2]。蔣中正委員長爲挽救危機，以剿共治

[2] 九一八事變，學生聚集南京請願，要求政府對日宣戰。中央研究院院長蔡元培接見請願學生，被學生毆傷。

標，以建設治本，數年之間，財政、經濟、交通、軍事、教育、學術及社會各項建設成就，均呈突飛猛晉之勢。

二、財政改革

民初以來，軍閥割據，財權多被軍人把持。統一之初，仍有多數省區拒將稅收解交中央。經過討逆剿共之役以後，財權漸能統一，中央改革財政計畫，漸能收效，歲入、歲出漸增，國力亦逐步改善。

為實施財政改革，乃劃分中央與地方的稅收。關稅、鹽稅、統稅（棉花、麵粉、捲菸等稅）、菸酒、印花各稅屬中央；田賦、營業、執照各稅屬地方。自民國二十年（西元一九三一年）起，廢除釐金，提高海關稅則，並廢除苛捐雜稅。經此改革，稅收大增，人民負擔減輕。民國十七年中央歲入、歲出不到五億銀元，民國二十六年各在十億元以上。

財政改革的另一重要措施是改革幣制。過去公私銀行多自發通貨，外滙為外國銀行壟斷，銀元與銀兩並用。民國二十二年四月，廢兩改元，交易改用新鑄銀元計算，幣制統一。民國二十四年十一月三日，發行統一貨幣，規定中央、中國、交通三銀行的鈔票爲法幣（後加入農民銀行）。其他銀行不得發行，禁止銀元流通。外匯買賣不受限制，打破外國銀行之獨占。

三、經濟建設

經濟建設的重要措施，有工商業投資的扶助獎勵，以及農業的改進。民國二十一年起，中央積極施行經濟建設方案。重工業中之基本化工、基礎礦業，歸中央舉辦，其餘由地方政府與人民合營。輕工業由人民經營，政府給予扶助獎勵。此後對外貿易，入超漸減；消費品進口比率下降，機器、原料進口比率上升。證明中國經濟結構已有改善，生產能力與需要大有起色。

爲改進農業，政府設置農村復興機構，進行農業試驗，改良稻、麥、棉之種植，辦理農貸、貯蓄，調劑農業生產，促進農產運銷。數年之間，農產大增，小麥、棉花可以自給，稻米進口銳減。

四、交通建設

交通建設是十年建國期間，經濟建設中最突出的成就。可分鐵路、公路、航空等項建設。

民國二十年以前，中國鐵路共約一萬三千公里，百分之九十二爲外國經營，中國自造僅約一千公里；此爲清末以來約五十年的成就。二十二至二十六年的五年，除日本占去的東北鐵路外，新建鐵路約三千三百公里，均爲中國所有。主要的有隴海路的延長，粵漢路的接通，廣九路的接軌，浙贛、同蒲、淮南、江南、蘇嘉、滬杭甬等路的完成。此外，還有許多鐵路在規劃和興建。

公路進展更快。北伐前全國公路約一千公里，至二十七年，已完成的有十一萬公里，大多在黃河以南。西南自南京至雲南，西北自漢口至新疆，汽車均可直達。

航空有中美合辦的中國航空公司、中德合辦的歐亞航空公司、廣東自辦的西南航空公司，航線遍及國內各大都市及邊遠省區。

此外，水運、郵政、電信，都有很大的擴充和改進。

五、軍事建設

統一以後，中央積極整軍。爲使軍事現代化，以適國防之用，向德國聘用軍事顧問，人數多達百餘名。民國二十三年，福根豪森（Alexander von Falkenhausen）上將繼任顧問團長，提出整備中國國防的五年計畫，內含統一陸軍編制，施行精兵政策，加強空軍，築長江以南鐵路，聯通南京與西南各省，興建沿江沿海要塞，調整六十個師，完成各特種部隊、機械化部隊，改良兵器，構築國防工事。原計畫在二十七年完成，惜抗戰在前一年爆發，部分計畫未能有效實施。

爲訓練軍事幹部，黃埔軍校遷校南京，稱中央陸軍軍官學校，廣州、洛陽、武漢、成都、昆明，設有分校。民國二十年七月，中央航空學校成立於杭州筧橋，爲空軍訓練的中心。二十五年，公布《兵役法》，首先依法徵兵五萬人，爲我國兵役制度的一大改革。

六、教育與學術發展

軍閥割據時期，教育經費短絀，風潮迭起。統一以後，頒訂教育宗旨，規定學校設備及課程標準，充實經費，健全師資。數年之間，質量均增，以民國十八年與二十六年相比較：初等學校學齡兒童入學率由百分之十七增至四十三；中等學校學生增百分之六十；大專學生增百分之五十。民國二十二年以後，教育經費從不拖欠，教師生活安定，爲二十年來所未有。

爲了發展科學研究，國民政府於民國十七年設立中央研究院，蔡元培任院長，爲全自滬南下。九月，建立中華民國軍政府於廣州，受非常國會之推選，任大元帥。目的在恢復國會，維護約法，使民主共和趨於正軌，以達中國之和平統一。是爲護法運動。

軍政府成立後，統轄西南之粤、桂、湘、滇、黔、川等六省，勢力遠及閩、鄂、陝等省，護法事業大有可爲；惜以地方軍人之跋扈，一再受挫：一爲民國七年（西元一九一八年）五月軍政府之改組；再爲十一年（西元一九二二年）六月陳炯明之叛變。

護法之始，孫中山先生曾收編廣東警衛軍數千名，交陳炯明率之入閩，在閩南漳州建立護法基地。九年（西元一九二〇年）十月，回師廣州，驅逐桂系軍隊，孫中山先生回粤恢復軍政府。十年五月，以非常國會之推選，任非常大總統，西定廣西。十一年五月，調遣滇、粤各軍北伐，深入江西。詎陳炯明唆使所部在廣州後方叛變，於六月十六日攻孫中山先生駐所。孫中山先生幸脫險登上軍艦，指揮海軍討逆。蔣中正先生在浙聞變，急來粤登艦赴難。苦戰五十多天，以江西北伐軍回師不利，離艦赴滬，繼續奮鬥。

民國十二年（西元一九二三年）初，駐廣西之滇、桂軍銜孫中山先生之命克廣州，陳炯明遁往廣東東江、惠州。孫中山先生再度回廣東，以大元帥名義統率各軍，重建革命基地。十月，以曹錕賄選，通緝受賄之國會議員，聲討曹錕竊國，結束護法事業。

國學術研究之最高機構。十八年，復有北平研究院之設立，國內著名大學均設有研究所。經過幾年的努力，使抗戰前的五年，成為民國以來教育學術的黃金時代。

七、新生活與農村建設運動

新生活運動，是民族復興運動的重要工作。蔣委員長於民國二十三年二月在南昌剿共時所發起，以中華民族固有美德——禮、義、廉、恥，作為國民日常生活衣食住行的規律；以整齊、清潔、簡單、樸素、迅速、確實，為實踐之原則，由外在的訓練，促進內心的建設。

新生活運動之發起，正當國家內憂外患之際，目的在振奮人心。各地熱烈響應，組會推動的達二十省、一千三百餘縣。其後對日抗戰之取得勝利，除軍事、政治、經濟、文化等力量外，新生活運動是其精神上的重要力量。

民間人士致力改良農村運動，成為風尚，以晏陽初領導的河北定縣平民教育運動最為著名。山東鄒平自治建設運動，河南鎮平及內鄉的自治、自衛運動等，亦多有成效。充分表現知識分子的愛國、報國的精神，已由口號而至實際的建設行動。

【研究與討論】

一、列舉艱苦建國十年中財政改革的要項和成就。
二、說明艱苦建國十年中工商農業進步的情形。
三、綜述艱苦建國十年中各項建設事業與後來抗戰致勝的關係。

第二十八章 八年抗戰

第一節　抗戰的爆發及初期情勢

一、盧溝橋事變抗戰開始

民國二十六年（西元一九三七年）七月七日，日軍在北平附近宛平縣城外盧溝橋[1]演習夜戰，藉口一名士兵失蹤，進攻宛平城。我守軍團長吉星文所部官兵奮起抵抗，八年對日抗戰自此開始，史稱盧溝橋事變，或「七七」事變。

事變發生後，蔣委員長令華北駐軍就地抵抗，並調大軍北上增援。十七日，在江西廬山發表嚴正聲明：中國希求和平而不求苟安，準備應戰而不求戰。中國的基本立場是：主權與領土的完整，不容侵害；華北行政組織，不容非法改變；中央所派官員，不容撤換；駐軍地區，不受約束。

日本提出苛刻條件，企圖占有華北，中國拒之。七月末，北平、天津失陷，我軍將

1 盧溝橋有時亦書為「蘆溝橋」。

領佟麟閣、趙登禹力戰殉國，戰事隨之擴大。

二、抗戰初期的會戰

日本妄想三個月內征服中國，於是進攻上海，逼我首都南京。民國二十六年八月十三日，滬戰開始，十四日，我空軍出動，戰果輝煌，是爲空軍節的由來。我軍奮勇抗敵，日軍不斷增援，雙方傷亡均重。十一月九日，我軍撤出上海，留團長謝晉元率八百孤軍堅守四行倉庫。旋撤往公共租界，與敵周旋三年

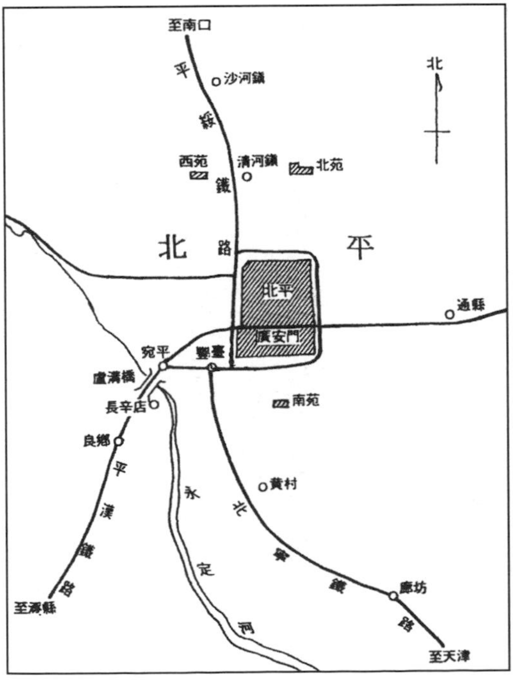

盧溝橋事變位置圖

餘[2]。十二月十二日，南京失陷，日軍肆意殘殺我平民，死者三十多萬，是爲南京大屠殺案。南京失陷前，政府宣布遷都重慶，以示決心長期抗戰。

十月間，華北日軍進攻山西，與我軍激戰於忻口[3]。十一月八日，太原陷落。十二月，日軍占濟南，守軍將領韓復榘不戰而走。蔣委員長下令拏辦，處以極刑，軍威大振。

民國二十七年三、四月間，會戰於徐州附近，我軍在台兒莊大殲日軍，是爲台兒莊大捷。六月，日軍沿長江西進，我軍節節抵抗，鏖戰五月。十月末，我軍撤出武漢。此時日軍並陷廣州。

上海、忻口、徐州、武漢四大會戰後，戰事繼續延長。日軍企圖三個月內征服中國的夢想，完全幻滅。

2 謝晉元率孤軍撤往公共租界後，堅貞不屈，於民國三十年四月二十四日被害殉難。
3 忻口在山西忻縣之北。

三、中國實施持久戰略

日本蓄意侵略中國，準備多年，兵員訓練有素；工業發達，裝備精良，利於速戰速決。中國工業落後，官兵訓練與武器裝備，遠落日軍之後；惟地廣人眾，利於持久抗戰。我軍後撤，誘敵深入，使之備多力分，陷於被動。

我為實施持久戰略，民國二十七年四月，中國國民黨臨時全國代表大會通過《抗戰建國綱領》，一面抗戰，一面建國。以三民主義為最高原則，在外交、軍事、政治、經濟、教育等方面，加緊建設與動員，集中全國人力物力，爭取抗戰的最後勝利。

武漢撤守後，我軍主力布防平漢鐵路以西，以東仍是我軍游擊戰區。日軍僅據點線。數年之間，會戰多次。戰場多在贛北、鄂北、豫南、湘北、桂南、晉東一帶。日軍企圖消滅我軍主力，盡速結束戰爭，終不得逞。

四、外交方針與國際形勢

中國實施持久戰略目的，一為打破日軍速戰速決；一為促使國際形勢轉變，對日實行制裁。因為日本侵略中國，即是破壞太平洋的安全，擾亂世界和平，對《九國公約》

是直接的破壞行動，和美、英、法、俄等國發生利害衝突。中國久戰不屈，日本弱點畢露，各國對我同情益增，便能得道多助。因此外交方針是聯合世界上同情中國的國家民族及一切反對日本侵略的勢力，爲世界和平與正義共同奮鬥。

民國二十六年八月，我國與蘇聯訂立互不侵犯條約，以免其與日本連結，並予我有限援助。英、美懼戰，不敢得罪日本，至二十八年初，對我始有少數貸款。法國更怕日本，對我反多限制。德、義與日同盟，助日爲虐。所以抗戰最初幾年，各國對我援助甚微，全賴自力

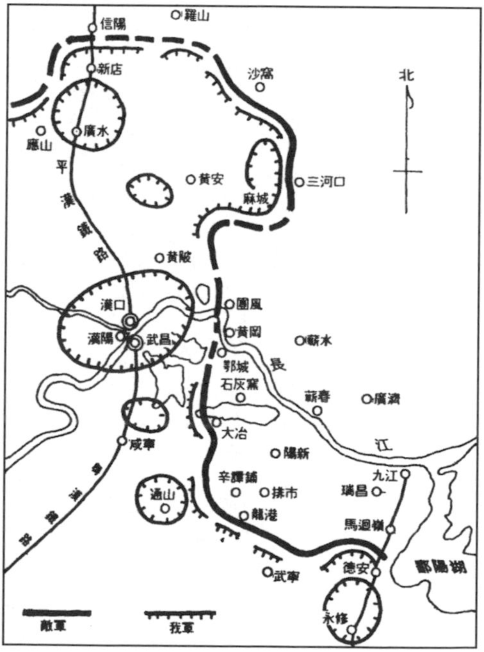

武漢會戰末期（民國二十七年九、十月）敵我形勢圖

更生。

五、日本以華制華

日本爲控制占領地區和經濟榨取，利用以華制華的手段，組織傀儡政權。平、津和滬、寧失陷後，在北平成立僞「臨時政府」，在南京成立僞「維新政府」，多是利用過去的失意軍閥或腐敗官僚，若輩聲名狼藉，利用價值不大，因此乃引誘汪兆銘供其驅策。

武漢失陷後，汪兆銘與日本暗中勾結。民國二十七年十二月，由重慶逃往河內，響應日本的「東亞新秩序之建設」。蔣委員長駁斥此項建設，實際就是造成奴隸的中國，以遂其獨霸太平洋

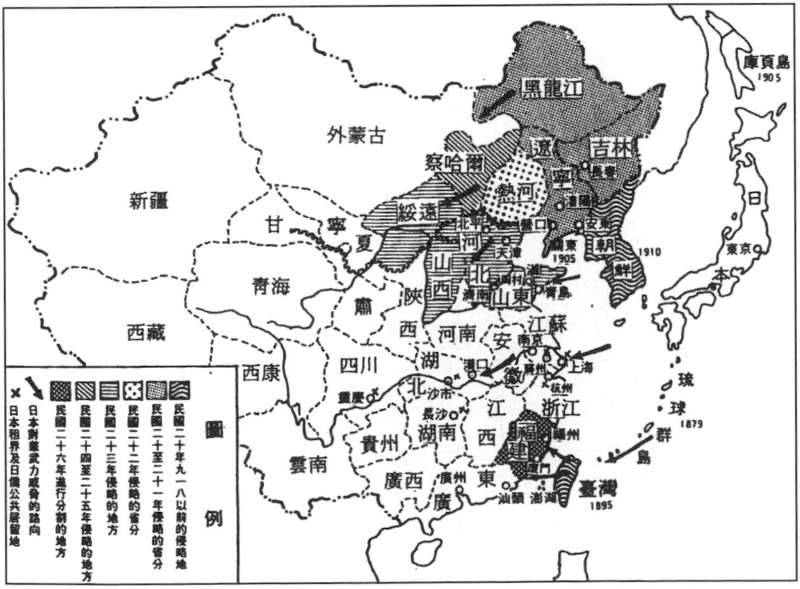

日本逐年侵略中國概見圖

宰割世界企圖之總稱。汪兆銘竟接受賣國契約，二十九年三月在南京組織僞政權，僭稱「國民政府」，任僞「國民政府主席兼行政院院長」。三十三年病死，由陳公博、周佛海維持殘局。

汪僞政權沒有絲毫自主的權力，只是日本以華制華的工具，受到國人的唾棄。除少數漢奸外，附和者很少，作用不大。

六、中共與抗戰

抗戰開始，中共發表宣言共赴國難，向政府提出保證：一、實行三民主義；二、停止暴動政策；三、取消「蘇維埃政府」；四、改編「紅軍」爲國民革命軍，服從指揮，對日作戰。政府爲團結抗日，允其所請，將陝北之共軍編爲國民革命軍第八路軍（旋改稱第十八集團軍）；仍留在江南的，編爲新編第四軍（簡稱新四軍）。共軍改編後，初計三萬人，因此無法扮演主戰場對日作戰的角色，多半只以游擊戰的方式進攻日軍，其中在平型關等地也曾重創日軍。

國，以中、美、英、蘇四國為主。但蘇俄直到日本投降前六天，始對日宣戰[4]。

三十一年一月二日，蔣委員長接受同盟國家的推舉，擔任同盟國中國戰區（含越南及泰國）最高統帥，指揮本戰區的盟軍，共同對敵作戰。自是中國由單獨對日作戰，終至與同盟國家並肩作戰。

二、日軍在中國戰場慘敗

太平洋戰爭發生後，關島、香港、菲律賓、印尼、新加坡、馬來西亞、緬甸等地，在數月之間，均被日軍攻陷。英、美軍紛紛敗退或投降。

中國戰區方面，續與日軍作戰，並派援軍赴緬作戰，解英軍之圍。民國三十一年一月，日軍攻長沙，死傷六千餘人，突圍逃竄。英、美各國輿論一致讚揚，方知中國五年來單獨對日作戰之艱苦與英勇。

4日本正式宣布投降為民國三十四年（西元一九四五年）八月十四日，蘇聯於八月八日對日宣戰。

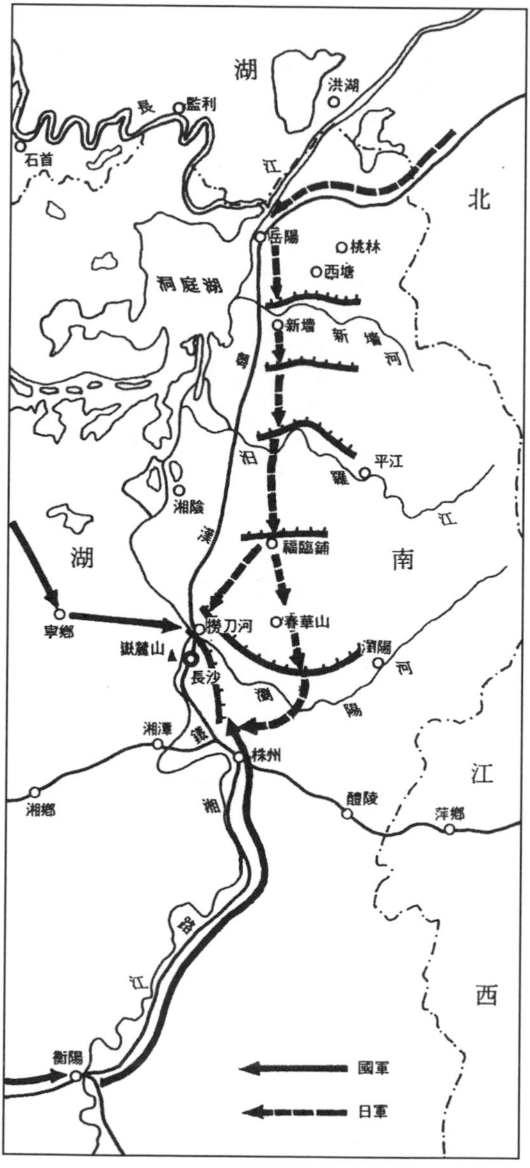

民國三十一年一月第三次長沙會戰圖

三、平等新約與開羅會議

美、英為加強對華友誼與合作，於民國三十一年（西元一九四二年）十月十日，宣布撤銷以往對華之不平等條約，另訂平等互惠新約。翌年一月十一日，新約成立。至是美、英在華所有特權如領事裁判權、使館區駐兵權、租界、內河航行權、軍艦行駛中國領水權等，一律撤銷。百年桎梏，為之解除。中國主權，從此完整。故定是日為司法節。

民國三十二年（一九四三年）八月，國民政府主席林森逝世，蔣委員長繼任主席。為與同盟國國家元首商討戰後重大問題，蔣主席於十一月至埃及開羅（Cairo），與美國總統羅斯福（Franklin D. Roosevelt）、英國首相邱吉爾（Winston S. Churchill）舉行三國領袖會議。會後宣言，制止及懲罰日本的侵略，東北、台灣、澎湖群島等須歸還中國，朝鮮應使其獨立。民國三十三年十月，我國復與美、英、蘇宣布聯合國組織案。翌年（西元一九四五年）四月，聯合國成立，中國為安全理事會常任理事國，我國國際地位由被壓迫國家躍為世界領袖國家之一。

四、黎明前的黑暗

美國在第二次世界大戰的戰略，是先要擊敗德國，然後再擊敗日本，即所謂重歐輕亞戰略。所有軍火物資的分配，多以歐洲戰場優先；同時由於緬甸失陷，中國對外運輸困難，國內戰場所能得自美援物資，實在很少。

民國三十二年（西元一九四三年）秋，日本海上交通，漸受美國空軍威脅。日軍決定打通中國南北鐵路，確保南洋與陸上交通；並消滅美空軍在湖南、廣西的基地，牽制我軍反攻緬甸；乃集中五十餘萬大軍，配以精良裝備，在中國發動大規模的攻勢。三十三年四月，先以十五萬精銳，打通平漢路；再以三十六萬大軍沿粵漢路南攻。國軍以劣勢裝備，節節抵抗。六月二十三日，日軍攻至衡陽，我第十軍奮勇抵抗，血戰四十七天城陷。日軍死傷一萬九千餘人，我第十軍不足兩萬人，傷亡約一萬五千人。

衡陽既陷，日軍沿湘桂、黔桂二路西犯，全縣、桂林、柳州相繼失陷。十二月初陷獨山，距貴陽僅六十公里，西南大後方為之震動。蔣主席檄調各軍馳援，美空軍出動作戰。日軍後撤，局勢轉穩。我國經此一役，兵員物資損失至大。

五、中美聯合反攻

中、美共同對日作戰形成之後，民國三十一年（西元一九四二年）二月，美貸我五億美元，有助我財政穩定。翌年三月，美軍第十四航空隊在華成立[5]，制空權轉入我手。我精選官兵，成立遠征軍，空運至印度東部藍伽（**Ramgarh**）接受美國的訓練和裝備；同時調集精銳各軍於雲南，更換武器，加強訓練。民國三十三年（西元一九四四年），中、美軍自印反攻緬甸，八月，占領緬北密支那；十二月克八莫；翌年一月克芒友。我雲南的遠征軍亦向緬境進攻，會師芒友，中印公路從此打通。美援戰略物資源源供應。四、五月間，日軍攻湘西芷江，爲我新裝備的軍隊擊退。日軍相繼退出柳州、桂林。時美軍在太平洋作戰節節勝利，我軍準備在八月攻取廣州、九龍，而日本宣布投降。

5 美國志願空軍隊至是併入第十四航空隊。

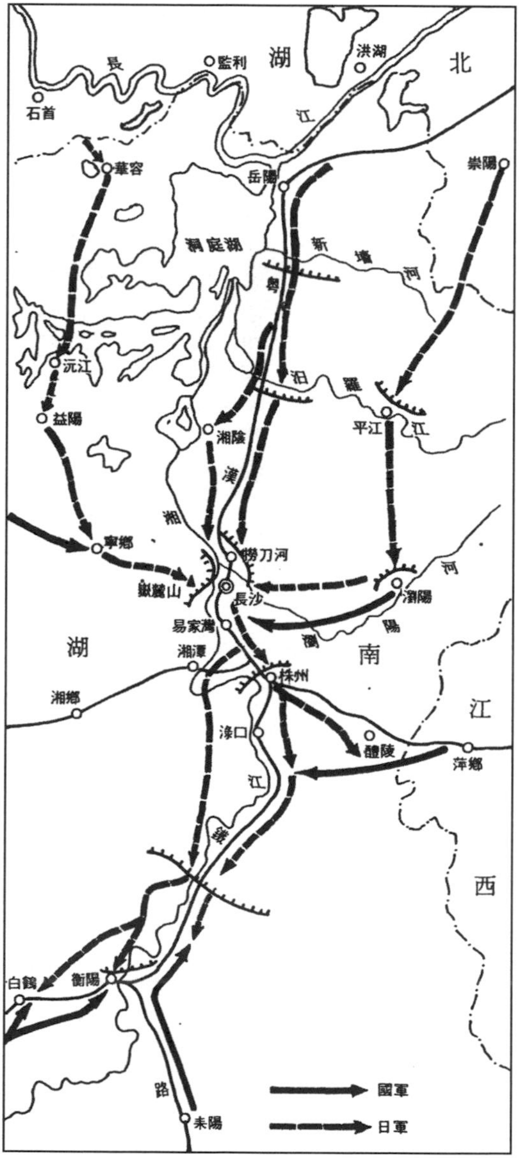

長沙、衡陽會戰圖（民國三十三年六至八月）

六、日本投降抗戰結束

德、義、日三軸心國家，最先是義大利在西元一九四三年（民國三十二年）九月戰敗投降；其次是德國在一九四五年五月投降，日本遂陷孤立絕望之境。七月，中、美、英三國發表波茨坦（Potsdam）[6]宣言，勸日軍無條件投降，日軍仍圖掙扎。八月六日及九日，美兩顆原子彈先後投於廣島及長崎。十四日，日皇宣告投降。蔣主席即發表文告，聲述「不念舊惡」及「與人爲善」，祇認日本軍閥爲敵，不以日本人民爲敵，不圖報復。

九月二日，盟軍在東京灣受降，我國派徐永昌代表參加。九日，日本駐華派遣軍總司令岡村寧次在南京向我陸軍總司令何應欽呈遞降書。八年抗戰，至此結束。

6 波茨坦在柏林附近。

【研究與討論】

一、試就抗戰時期中美關係之演進做一說明。
二、試述美國在第二次世界大戰的戰略及對我國抗戰之影響。
三、試述民國三十三年下半年湘桂戰役的經過及其影響。

第三節　中國抗戰的精神和成就

一、全民奮起共赴國難

盧溝橋事變發生，中國犧牲已到最後關頭。蔣委員長向全國呼籲：戰端一開，地無分東西南北，人無分男女老幼，皆有守土抗戰責任，皆應抱定犧牲一切之決心。

八年艱苦抗戰，在蔣委員長的領導下，全民奮起，共赴國難，表現舉國一致的精神。

軍人服從命令，直接對敵作戰，犧牲最大，貢獻最多。八年之中，大會戰二十二次，重要戰鬥一千多次，小戰鬥三萬八千多次，傷亡官兵三百二十一萬多人。軍人為國犧牲，可歌可泣之壯舉不勝枚舉。

青年服役從軍，分徵召與志願兩種。徵召多來自民間，八年中徵集壯丁一千四百餘萬。志願從軍多為青年學生，民國三十三年（西元一九四四年），蔣委員長號召十萬青年從軍，響應踴躍，迅達十二萬人，經甄選八萬餘人，編為青年遠征軍。

長期抗戰，須賴經濟支援，農民出丁出糧，負擔最重。工人努力增產，支援作戰，工作最苦。工商企業配合戰時生產運銷，增加抗戰力量。

戰時，婦女取代男子工作，軍中及農工生產行列，均有大量的婦女參加。慰勞傷患、保育難童，貢獻良多。

學界和知識分子，多本「國家興亡，匹夫有責」之志，貢獻智慧，為戰時社會之中堅。

華僑分布全球，熱愛祖國，致力國民外交，踴躍捐輸。或回國從軍，或任駕駛、醫療等技術工作。

陷區同胞，不甘奴役，大量移向後方，參與聖戰工作。不及移出者，有的參加敵後游擊，有的掩護政府地下工作人員，亦有拒絕與敵合作而犧牲生命者。

二、生活艱苦意志堅定

八年抗戰期間，經常維持兵員五百萬，軍費支出龐大，人民負擔加重，生命財產損失更大。直接間接傷亡在兩千萬人以上，流離失所者一億人以上。為了爭取勝利，毫無怨尤。

戰爭費用浩繁，破壞力又大，通貨膨脹與物價上漲，互為循環。農人和工商界的收入，還可維持生活；軍公教人員的生活就很困難。民國三十年，通貨膨脹與物價上漲的情況，更為嚴重。此後每年都在加速地膨脹和上漲。到了三十三年，通貨發行為一百八十倍，物價漲約兩千一百倍。軍公教人員的實際所得大為降低。為了維持最低生活，實施實物（米、油、鹽）配給。生活雖苦，抗戰意志卻堅定不移。

三、戰時精神與後方建設

《抗戰建國綱領》規定抗戰與建國同時並進，故在抗戰八年中，軍事方面不僅能堅持到底，且能愈戰愈強；建設工作不僅未因大部分精華區淪陷與日敵的封鎖轟炸而中斷，且更能從艱苦的奮鬥中，創造輝煌的成績。

精神建設方面，由於新生活運動的繼續推行，國民精神總動員的實施，以明恥教戰為目標之戰時教育的薰陶，使民族精神益為激昂，民族的潛力也發揮到最高度，同仇敵愾，萬眾一心，堅苦卓絕，奮勉精進。當時後方所表現出的「重慶精神」，至今猶為國人所津津樂道。而戰時人口的遷徙流動、大專院校的內遷、中等及國民教育的普及，以及邊疆教育的推廣，對國民知識的提高與民族的團結，更具功效。經過八年的抗戰，國族認同鞏固，中華民族已眞正融鑄成一整體了。

政治建設方面，為推行民主政治，廣納各方意見，於民國二十七年設立國民參政會。行政上實行設計、執行、考核三聯制，經濟上實施計畫經濟。故抗戰八年中，我國政治建設並不因戰爭而有遲滯，反而較戰前尤為精進。

實業建設方面，大後方農業的改良，尤其是西北農牧的開發，以及沿海工廠的內遷與重建、重工業區的設置、西北石油的開採、西南礦藏的調查與開發、鐵路的興建、公路的開闢、航運的發展等，均有顯著的成就。抗戰八年，沿海省區由於淪陷而飽受敵寇的蹂躪，而西南、西北一向被視為荒僻落後的邊陲，卻獲得了開發的機會，使各省區的建設與發展，漸趨於均衡。

四、台灣的光復

台灣原是中國領土，中日甲午戰爭後，清廷割讓給日本，成為日本最早的一個殖民地，從此台灣同胞歷經半個世紀的殖民統治。

我國對日宣戰之後，所有中日條約全部作廢，收回台灣，理所當然，開羅會議宣言正式予以確定。及日本投降，台胞欣喜，政府即派遣軍政人員來台。民國三十四年十月十日，台胞首次舉行雙十國慶大會。二十五日，舉行受降典禮，台灣光復，回到中華民國版圖。

五、亞洲各國民族同獲獨立

近代帝國主義國家興起，亞洲各國除日本外，多成為列強的殖民地或次殖民地。日本發動戰爭，要建立所謂「亞洲共榮圈」，不僅要使中國為其殖民地，也要盡奪各國在亞洲殖民地。中國對日抗戰，促成亞洲各國民族獨立運動的興起。如朝鮮、越南、緬甸、印度、印尼等國民族獨立運動，都受到中國的同情和支持。民國三十一年二月，蔣委員長偕夫人訪問印度，晤其獨立運動領袖，對其企求自由表示同情。在開羅會議中，主張朝鮮戰後獨立。日本投降後，亞洲各國如印尼、菲律賓、印度、緬甸、韓國（朝鮮）、馬來西亞、新加坡等，都先後獲得獨立。

【研究與討論】

一、試就抗戰時期我國的軍人、青年、農、工、商、學、婦女、華僑各界以及淪陷區同胞所表現的抗戰精神，加以申論。

二、試述抗戰時期的政治和經濟建設。

三、試述抗戰對台灣光復及亞洲各國民族獨立的意義。

第二十九章
行憲與兩岸分治

第一節　戰後建國方針與行憲

一、戰後和平建國方針

八年抗戰，國力消耗至巨。日本侵略主義既敗，不平等條約均已撤廢。國家亟需和平安定，人民尤需休養生息。故於抗戰勝利之後，政府就確定和平建國方針，分訂對外與對內政策。

對外政策，是求國家統一獨立，世界和平安全。其要項爲：對聯合國忠實地支持；對日本不採報復主義；對蘇俄謀和平共存之道；對亞洲各民族助其獨立或自治，以保障東亞的和平安全。

對內政策，是以建設現代化的民主統一國家爲目標。其要項爲：政治民主化；軍隊國家化；經濟以國際資本與技術的合作，來發展生產事業，提高人民的生活水準。

二、重慶會談與政治協商

戰後國共問題開始尖銳化。日本投降之後，蔣主席即電邀延安毛澤東到重慶會談。經過四十多天的談判，於民國三十四年（西元一九四五年）十月十日發表會談紀要。重要項目有：一、和平建國的基本方針，爲實行三民主義；二、政治民主化，召開政治協商會議；三、召集國民大會，制定《憲法》；四、軍隊國家化，整編全國軍隊；五、日軍受降地區的劃分。在原則上均獲致協議；但在實際行動上並不順利，國共衝突仍一觸即發。

依據重慶會談的決定，政府於民國三十五年一月在重慶召開政治協商會議。參加會議的代表，包括政府、中共、青年黨、民主同盟，及無黨派的社會賢達，成立五項協議[1]。會議決議公布後，中共及民主同盟加以抵制，致決議終難完整實現。

1 五項協議為：㈠政府改組案；㈡和平建國綱領案；㈢軍事問題案；㈣國民大會案；㈤《憲法草案》修正案。

三、《憲法》的制定

結束訓政，實施憲政，是國民黨之既定政策。民國二十五年五月五日，國民政府公布《中華民國憲法草案》，是爲《五五憲草》。隨即定期召集國民大會，來完成《憲法》制定的手續。當時多數地區已選出代表，但因抗戰爆發，未能集會。

民國三十五年一月，政治協商會議決議，於是年五月五日在國民政府還都南京時，召集制憲國民大會。因中共的抵制，延至十一月十五日始行集會。出席的代表含國民黨、青年黨、民社黨[2]及無黨派的社會賢達。中共及民主同盟拒派代表出席。這次大會的任務，是在審議和討論政治協商會議對《五五憲草》所擬定的修正案。至十二月二十五日完成三讀程序，《中華民國憲法》的制定，遂告完成。民國三十六年（西元一九四七年）一月一日，國民政府明令公布之，並定十二月二十五日爲行憲日。

---

2 國家社會黨退出民主同盟，改稱民主社會黨，簡稱民社黨。

四、《憲法》的要旨

《憲法》是國家根本大法，公布後，凡舊有法令與《憲法》相牴觸的，應即修正或廢止；新頒法令，亦不得與《憲法》相牴觸。

《中華民國憲法》的要旨含：一、中華民國基於三民主義，爲民有、民治、民享之民主共和國；二、全國人民在法律上一律平等，並保障人權與自由；三、中央與地方權限，列舉劃分；四、明訂基本國策：國防在保護國家安全，維護世界和平；外交獨立自主，平等互惠，敦睦邦交，尊重條約；國民經濟在謀國計民生之均足，社會安全注重保障農工、勞資協調、社會福利；教育文化在發揚民族精神、科學及生活知能。

五、政府的改組

依據政治協商會議的決議，政府於民國三十六年四月實行改組與擴大，以加入各黨派人士。國民政府增設副主席、新任委員二十八人，成立委員會。行政院、立法院、監察院均由國民黨、青年黨、民社黨及無黨派之社會賢達，推派代表擔任委員或部會首長。此爲行憲前過渡時期的國民政府。

六、四憲法的施行

為施行《憲法》，第一屆國民大會代表、立法院立法委員及監察院監察委員，均於民國三十六年底由全國各地選出。翌年春，國民大會集會於南京，選舉蔣中正為第一任總統、李宗仁為副總統，五月就職。行憲後的行政、立法、司法、考試、監察五院，亦依《憲法》規定，相繼成立。中國從此成為憲政國家。

訓政時期的國民政府及其所屬院、部、會的職權，均在行憲後停止；抗戰時期的國民參政會亦隨之結束。

【研究與討論】

一、說明戰後和平建國方針確定的原因和實施的步驟。
二、試述我國實施憲政的根據及其意義。
三、說明《中華民國憲法》制定的經過及其要旨。

第二節　蘇聯的侵略

一、侵略外蒙與新疆

民國十年（西元一九二一年），蘇俄侵占中國外蒙古所屬之唐努烏梁海，後來改稱為「土文共和國」，繼又併入蘇俄領土。

俄侵略外蒙，蓄意已久。民國二十五年（西元一九三六年），俄蒙私訂互助協定，有排斥我國主權之意。三十年四月，俄、日成立中立協定時，蘇俄承認日本之偽「滿洲國」，日本承認蘇俄之「蒙古人民共和國」。這是日、俄擅自瓜分我滿蒙領土的行為。

民國二十三年（西元一九三四年），新疆內亂，蘇俄派兵助軍人盛世才取得新疆。俄即與盛訂約，控制新疆的政治和經濟，全省各機關布滿俄人。二十七年，派正規紅軍進駐哈密。三十一年，俄發動新疆政變，擬驅逐盛世才，盛世才向中央輸誠。中央派兵入新疆，驅走俄人勢力。三十三年，蘇俄策動伊寧事變，嗾使哈薩克人叛變，成立偽「東土耳其斯坦共和國」，擾亂新疆。三十六年，復以空軍助外蒙軍攻新疆之北塔山，同時策動新疆各地暴動。我政府應付得宜，新疆未為所奪。

二、《雅爾達密約》的傷害

民國三十四年（西元一九四五年）二月，美、英、俄三國領袖會議於黑海附近的雅爾達（Yalta），商討對日作戰問題。蘇俄乘機要求恢復帝俄時代在中國侵略所得的權利，並加以擴大。美爲對日戰爭早日結束，以減少美之損失，遂密訂協約，許蘇俄以旅順軍事基地、大連、南滿鐵路及中東鐵路優越權利，保持外蒙古「獨立」地位。其中旅順、大連及南滿鐵路，是帝俄戰敗自行轉讓給日本的；中東鐵路在「九一八」事變以後，俄方擅自售給日本；外蒙古在《中俄北京協定》中，承認是中國的一部分。依據法理，美、英、蘇三國均無權處理。此一密約，爲國際秘密外交之污點，對中國及世界，均貽下無窮禍源。

三、《中蘇友好同盟條約》

中國對《雅爾達密約》，事前並無所知，事後由美轉告，蔣主席深爲痛憤。時歐洲戰事即將終了，蘇聯勢將對日作戰，加以中共軍的內應，蘇軍一旦深入，東北、華北勢必非我所有。爲約束蘇聯的行動，爭取戰後和平建設的時機，使《雅爾達密約》的傷害減至最低程度，我國遂於三十四年八月十四日在莫斯科簽訂《中蘇友好同盟條約》。其要點爲：蘇聯給予國民政府以道義及物質的援助；不干涉新疆事變；進入中國之蘇軍，於日本投降後三個月撤畢；中國承認外蒙獨立問題由公民投票決定；中長鐵路（中東、南滿兩路併稱）中蘇合營三十年；大連開爲自由港，旅順軍港中蘇共用三十年。但蘇軍進入東北後，對上項協約，並不遵守。

四、蘇聯掠東北延不撤兵

民國三十四年（西元一九四五年）八月八日，蘇聯對日宣戰，進兵我國東北。這時日本已遭到原子彈的轟炸，正向同盟國家請降，對蘇軍進攻，未做任何抵抗行動。不到半月時間，蘇軍占有東三省及熱河、察哈爾；所至姦淫擄掠，恣意屠殺；發行軍用票，強迫通用；重工業設備，拆卸運走，稱是「戰利品」，其不能移動的，則加以破壞，所有工廠徒留頹壁；車輛多被劫走。

我國依據條約規定，派員至長春與蘇聯軍方交涉接收東北。蘇方態度蠻橫，提出「經濟合作」，意在控制東北經濟。我方要求依約撤兵，俄則藉詞拖延，並拒我軍由大連登陸。我軍改由營口及葫蘆島登陸，蘇聯又支援中共軍拒抗。我軍遂取道山海關東進。延至三十五年三月以後，蘇軍始自瀋陽撤退。中共軍隨之進據，國軍驅退之。惟松花江以北地區，國軍始終未能接收。

五、扶植中共的擴張

蘇聯在東北延不撤兵，一在拆運工業設備；二為扶植中共軍的勢力；三為迫我「經濟合作」。當其一、二目的達成，始自東北撤退。

當蘇軍進據東北後，中共軍隊即自長城內外及山東循陸海兩路湧入東北，自蘇聯手中接收日本關東軍的大量武器，並收編當地的偽滿軍。至民國三十四年底，中共在東北的兵力已達二十萬人；翌年二月，已近五十萬人。其擴充之速，實得力於蘇軍之扶植。原居於劣勢的共軍，驟然轉居優勢，中共勢力之突趨膨脹，多源於此。

中共之企圖，欲藉蘇軍之掩護，完全占有東北，進而奪取北平、天津，占領華北。美懼蘇聯勢力在華擴張；我國抗戰八年，亦為東北問題而起，均不願放棄東北。是以國軍精銳三十萬，由美協助運輸，進入東北，驅退瀋陽、四平街、長春、永吉等地共軍。本可長驅北進，以美國特使馬歇爾（George C. Marshall）之請，政府下令停戰。此為國軍一年後在東北失利的一大關鍵。

【研究與討論】

一、試將俄國（帝俄、蘇俄、蘇聯）對我國東北、外蒙、新疆侵略的歷史，按年代先後做一簡表。
二、試述蘇聯戰後劫掠我東北的情形。
三、追溯蘇俄扶植中共的史實。

第三節　國共決裂與兩岸分治

一、共軍擴大勢力

當蘇聯於民國三十四年（一九四五年）八月八日向東北及熱河、察哈爾等省進軍時，中共軍「延安總部」即於八月十日命令所有共軍出動，一面配合蘇軍行動，進入東北及熱、察，一面向膠濟、津浦、隴海、平漢、平綏、北寧等路進軍。九、十月間，共軍占據的城市已有兩百座。

二、美國調處的失敗

抗戰期間，美國始終認為中共為農村改革者。戰後美國主持對華政策的官員，也希望國民政府容納中共，組成「聯合政府」。中共則藉此為統戰手段，利用和談，牽制國軍行動。

日本投降後，共軍開始擴張，美又懼其倒向蘇聯，派馬歇爾為特使，來華調處中共問題。其任務：一、使國軍與共軍停戰與整編；二、成立「聯合政府」，使中共加入。經其調處，民國三十五年（一九四六年）一月十日，成立停戰協定。二月，成立整軍方案，國軍與共軍分期縮編，定為五與一的比例。上項協議，並未獲得落實。

關於組織「聯合政府」問題，由各黨派推代表成立國民政府委員會，但中共堅持要有否決權。政府要求中共履行停戰協定及整軍方案，中共卻置之不理。馬歇爾調處期間，國共始終停停打打，調處缺乏成效，反而使國軍士氣大衰。

三、政府戡亂

在中共拒絕馬歇爾調處後，旋即發動反美運動，煽起學潮。民國三十五年十二月，北平發生「沈崇案」[3]。其後國內各地反美、反戰學潮不斷發生，政府應付爲難。民國三十六年（一九四七年）一月，馬歇爾調處失敗返美後，政府要求恢復談判，仍爲中共所拒。國軍於三月攻下延安。七月，國民政府下令動員戡亂。中共則在「平分土地」、「徹底翻身」的口號下，動員廣大貧苦農民參戰。三十七年，戡亂軍事逆轉。十月，東北失陷。民國三十八年（一九四九年）一月，徐蚌會戰失利，北平、天津不守，戡亂局勢更形惡化。

四、李宗仁倡和與大陸失陷

美國調處失敗，隨即斷絕對華援助。中共則得蘇聯協助，以致攻守易勢。副總統李

3 北京大學先修班之學生沈崇，於民國三十五年十二月二十四日晚間為美軍伍長皮爾遜強姦，掀起各地學生反美運動，罷課遊行，要求美軍撤離中國。此為轟動一時之「沈崇案」。

宗仁受部分美國人士的鼓動，以為對共妥協，即可重獲美援，達成和平，乃公然倡和，要求總統下野，政府內部為之動搖。總統蔣中正先生為求內部團結，即於民國三十八年一月宣布引退，由李宗仁代行總統職權。李宗仁即派代表與中共和談，希求以長江為界，劃江分治。中共則直接要李宗仁投降。李宗仁不敢負責，亦不準備抵抗。四月，共軍大舉渡江，民國政府遷往廣州。數月之間，長江以南及西南、西北各地盡失。李宗仁卻稱病不出，中樞無人負責，政府已成崩潰之勢。

民國三十八年（一九四九年）七月，毛澤東宣布向蘇聯「一面倒」。十月一日，中共政權「中央人民政府」在北平成立，改國號為「中華人民共和國」，蘇聯立即承認。翌年二月，中共政權與蘇聯訂立《友好同盟互助條約》。

五、遷都台北

國軍於民國三十八年五月撤出上海，一部轉往福建，一部轉往舟山群島。十月二十五日，共軍進犯金門，在古寧頭登岸，遭國軍圍攻，使登陸共軍兩萬之眾，除被俘者外，悉數被殲。十一月四日，共軍再犯舟山之登步島[4]，激戰三日，共軍七千人，片甲不歸。國軍金門、登步兩次大捷，使共軍犯台的企圖，爲之失敗，此爲台灣、澎湖轉危爲安一大關鍵。民國三十八年十月廣州失守，民國政府遷往重慶，十一月再遷成都，十二月遷至台北，自此失去在中國大陸的治權，有效統治區域僅限於台灣、澎湖、金門、馬祖等島嶼，並延續迄今。

六、兩岸分治

民國三十八年十月一日中華人民共和國政府正式在北京成立，十二月原位於南京的中華民國政府四遷至台北，至此中國之土地上存在著兩個政府，中國也暫時走上分治。

台北民國政府與北京共和國政府，對內各依據其《憲法》行使治權，對外則各自宣稱代表整個中國的主權。在民國六十年（西元一九七一年）以前，由主權國家所參與的聯合國承認台北的民國政府爲代表全中國主權的唯一合法政府，民國六十年以後，聯合國接受北京的共和國政府才是代表全中國主權的唯一合法政府，惟雙方在國際上代表中

4 其後國軍於民國三十九年（一九五〇年）自動從舟山撤退。

國的主權代表權之爭，並不影響彼此政府仍在其領土內行使完整治權的事實。不同國家與兩岸政府分別建立外交關係，在實際作爲上，亦尊重兩岸爲不同治權的兩個政府的現狀，但均不贊同台獨。對於整個中國而言，治權分立與主權不分裂的「分治不分裂」，是目前兩岸的法理現狀。

中國歷史上的政治力量合久必分、分久必合，台北民國政府與北京共和國政府從民國三十八年（西元一九四九年）以後，分別走上不同的現代化發展道路，其目的都在追求中華振興與人民福祉。如何在不分裂整個中國的架構下，結束長達七十年的敵對狀態，用和平的方法，透過制度合作，讓自由、民主、均富成爲未來兩岸共同的理想，是兩岸全體中國人的共同使命，也是我們共同爲本國史撰寫美好一頁的責任。

【研究與討論】

一、說明美國調處中共問題失敗的原因及對我國所造成之後果。

二、說明兩岸目前的關係。

三、說明對於兩岸關係未來發展的看法。

附錄一　歷代帝系表（下）

十五、兩宋帝系表

一世　二世　三世　四世　五世

1 太祖趙匡胤 — 燕王德昭 — 冀王惟吉 — 廬江侯守度 — 嘉國公世括 — 房國公令稼

1 太祖趙匡胤 — 秦王德芳 — 英國公惟憲 — 新興侯從郁 — 華陰侯世將 — 慶國公令儈

2 太宗光義 — 3 眞宗恆 — 4 仁宗禎

2 太宗光義 — 商王元份 — 濮王允讓 — 5 英宗曙 — 6 神宗頊

六世　七世　八世　九世　十世

6 神宗頊 — 7 哲宗煦

6 神宗頊 — 8 徽宗佶 — 9 欽宗桓

8 徽宗佶 — 1 南宋高宗構

慶國公令儈 — 秀　王子偁 — 2 孝　宗　昚 — 3 光　宗　惇 — 4 寧宗擴

房國公令稼 — 修武郎子奭 — 益國公伯旴 — 越國公師意 — 榮王希瓐

十一世　十二世　十三世

榮王希瓐 — 5 理宗昀

榮王希瓐 — 福王與芮 — 6 度宗禥 — 7 恭帝㬎

6 度宗禥 — 8 端宗昰

6 度宗禥 — 9 帝　昺

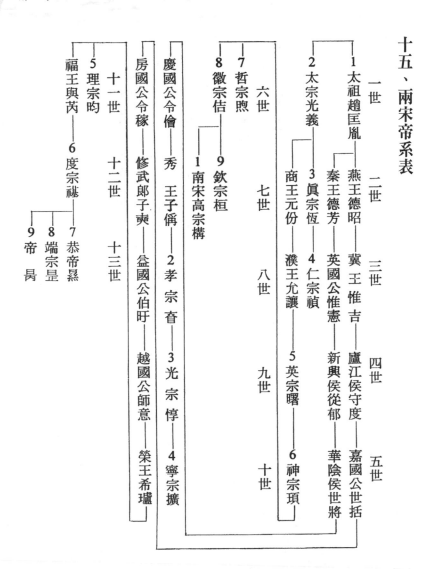

十六、遼帝系表

世代	帝系
一世	1 太祖耶律億（阿保機）
二世	2 太宗德光；東丹王托允
三世	4 穆宗璟（太宗子）；3 世宗阮（東丹王子）
四世	5 景宗賢
五世	6 聖宗隆緒
六世	7 興宗宗眞
七世	8 道宗洪基
八世	太子濬
九世	9 天祚帝延禧

十七、金帝系表

世代	帝系
一世	1 太祖完顏旻（阿骨打）；2 太宗晟（吳乞買）
二世	景宣帝繩果；遼王宗幹；睿宗宗堯（皆太祖子）
三世	3 熙宗亶（景宣帝子）；4 廢帝亮（遼王子）；5 世宗雍（睿宗子）
四世	顯宗允恭；7 後廢帝永濟（皆世宗子）
五世	6 章宗璟；8 宣宗珣（皆顯宗子）
六世	9 哀宗守緒（宣宗子）

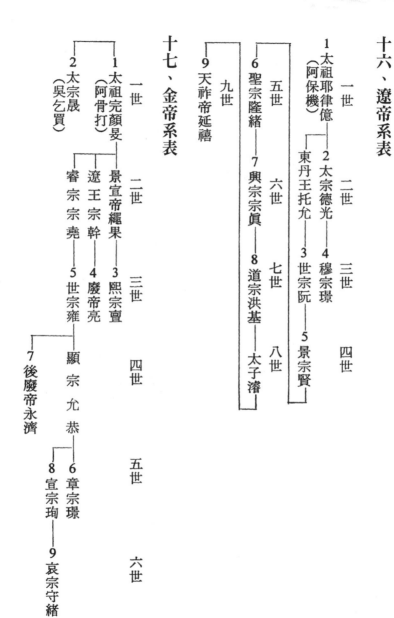

十八、元帝系表

一世
- 蒙古1太祖鐵木眞

二世
- 2太宗窩闊臺
- 睿宗拖雷

三世
- 3定宗貴由
- 4憲宗蒙哥
- 5元世祖忽必烈

四世
- 裕宗眞金

五世
- 顯宗甘麻剌
- 順宗答剌麻八剌
- 6成宗鐵穆耳

六世
- 10泰定帝也孫鐵木兒
- 7武宗海山
- 8仁宗愛育黎拔力八達

七世
- 11明宗和世㻋
- 12文宗圖帖睦爾
- 9英宗碩德八剌

八世
- 14順帝妥懽帖睦爾
- 13寧宗懿璘質班

十九、明帝系表

一世
- 太祖朱元璋

二世
- 太子標
- 3成祖棣

三世
- 2惠帝允炆
- 4仁宗高熾

四世
- 5宣宗瞻基

五世
- 6英宗祁鎮
- 7景帝祁鈺

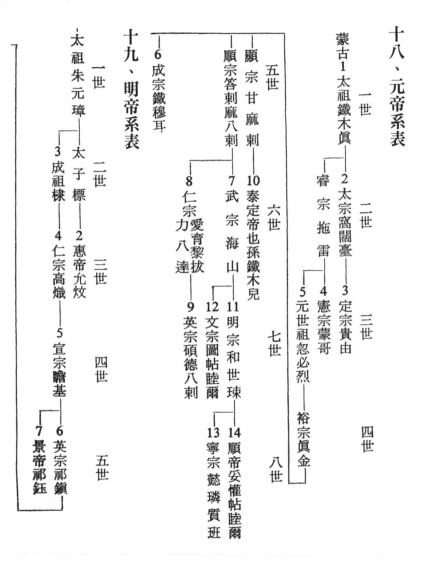

六世
- 8 憲宗見深

七世
- 9 孝宗祐樘
- 興獻王祐杬

八世
- 10 武宗厚照
- 11 世宗厚熜

九世
- 12 穆宗載坖

十世
- 13 神宗翊鈞

十一世
- 14 光宗常洛

十二世
- 15 熹宗由校
- 16 思宗由檢
- 17 安宗(福王)由崧
- 19 永曆帝(桂王)由榔

18 紹宗(唐王)聿鍵(太祖子唐王桱八世孫)

二十、清帝系表

一世
- 1 太祖努爾哈赤

二世
- 2 太宗皇太極

三世
- 3 世祖福臨

四世
- 4 聖祖玄燁

五世
- 5 世宗胤禛

六世
- 6 高宗弘曆

七世
- 7 仁宗顒琰

八世
- 8 宣宗旻寧

九世
- 9 文宗奕詝
- 醇王奕譞

十世
- 10 穆宗載淳
- 11 德宗載湉
- 攝政王載灃

十一世
- 12 宣統帝溥儀

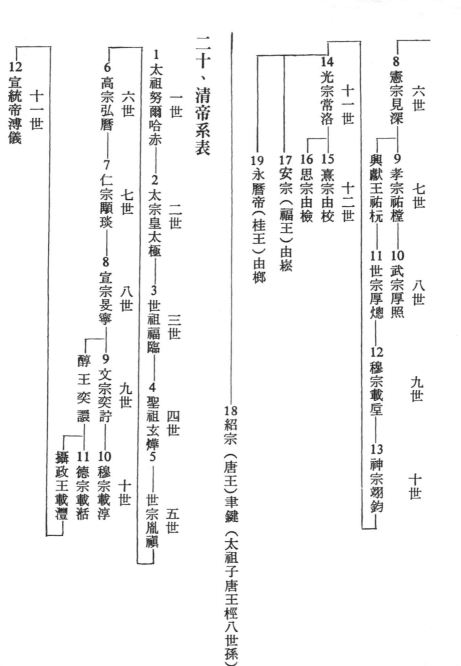

附錄二　大事年表（下）

十六、宋

（北宋）

歷代紀元	干支	民國紀元前	西元	大事
太祖　建隆　元年	庚申	九五二	九六〇	趙匡胤廢周恭帝自立
乾德　三年	乙丑	九四七	九六五	滅後蜀
開寶　元年	戊辰	九四四	九六八	越南建國
四年	辛未	九四一	九七一	滅南漢
八年	乙亥	九三七	九七五	滅南唐
太宗太平興國　三年	戊寅	九三四	九七八	吳越王納土
四年 （遼景宗乾亨元年）	己卯	九三三	九七九	滅北漢（全國統一）　伐遼敗於高粱河
雍熙　三年 （遼聖宗統和四年）	丙戌	九二六	九八六	伐遼敗於岐溝關
眞宗　咸平　四年	辛丑	九一一	一〇〇一	夏趙保吉（李繼遷）反
景德　元年	甲辰	九〇八	一〇〇四	澶淵之盟
仁宗　寶元　元年 （遼興宗重熙六年）	戊寅	八七四	一〇三八	夏趙元昊稱帝
英宗　治平　元年	甲辰	八四八	一〇六四	
神宗　熙寧　二年 （遼道宗咸雍五年）	己酉	八四三	一〇六九	王安石變法
元豐　八年	乙丑	八二七	一〇八五	罷新法

哲宗　元祐　元年	丙寅	八二六	一〇八六	司馬光爲相
徽宗　政和　五年（遼天祚帝天慶五年 金太祖收國元年）	乙未	七九七	一一一五	女眞阿骨打稱帝號金
宣和　七年（金太宗天會三年）	乙巳	七八七	一一二五	金滅遼
欽宗　靖康　元年	丙午	七八六	一一二六	金陷汴京

（南宋）

高宗　建炎　元年	丁未	七八五	一一二七	金擄徽宗、欽宗　高宗即位於南京
四年	庚戌	七八二	一一三〇	金立劉豫爲齊帝
紹興　元年	辛亥	七八一	一一三一	吳玠、吳璘敗金兵於和尚原
四年	甲寅	七七八	一一三四	韓世忠敗金兵於大儀
七年	丁巳	七七五	一一三七	金廢劉豫
一〇年（金熙宗天眷三年）	庚申	七七二	一一四〇	岳飛破金兵於郾城
一一年（金皇統元年）	辛酉	七七一	一一四一	宋金和議成　殺岳飛
二三年（金主亮貞元元年）	癸酉	七五九	一一五三	金遷都燕京
三一年（金世宗大定元年）	辛巳	七五一	一一六一	虞允文敗金兵於采石
孝宗　隆興　二年	甲申	七四八	一一六四	宋金和議再成
光宗　紹熙　元年	庚戌	七二二	一一九〇	

（金章宗明昌元年）				
寧宗　開禧　二年	丙寅	七〇六	一二〇六	伐金敗績　蒙古鐵木眞稱成吉思汗
（蒙古太祖元年）				
嘉定　四年	辛未	七〇一	一二一一	蒙古大破金兵
（金主永濟大安三年）				
七年	甲戌	六九八	一二一四	金遷都汴
（金昇王貞祐元年）				
一一年	戊寅	六九四	一二一八	蒙古第一次西征
一六年	癸未	六八九	一二二三	蒙古破欽察
理宗　寶慶　三年	丁亥	六八五	一二二七	蒙古滅西夏　成吉思汗卒
（金哀宗正大四年）				
紹定　二年	己丑	六八三	一二二九	蒙古太宗窩闊台立
（蒙古太宗元年）				
端平　元年	甲午	六七八	一二三四	宋興蒙古滅金
二年	乙未	六七七	一二三五	蒙古第二次西征
嘉熙　四年	庚子	六七二	一二四〇	蒙古平阿羅思
淳祐　元年	辛丑	六七一	一二四一	蒙古破捏迷思聯軍
六年	丙午	六六六	一二四六	蒙古定宗貴由立
（蒙古定宗元年）				
一一年	辛亥	六六一	一二五一	蒙古憲宗蒙哥立
（蒙古憲宗元年）				
一二年	壬子	六六〇	一二五二	蒙古第三次西征
寶祐　元年	癸丑	六五九	一二五三	蒙古滅大理
六年	戊午	六五四	一二五八	蒙古滅報達（東大食）
景定　元年	庚申	六五二	一二六〇	蒙古忽必烈（元世祖）立於開平
（蒙古世祖中統元年）				

	五年（蒙古世祖至元元年）	甲子	六四八	一二六四	蒙古遷都大都（燕京）
度宗	咸淳 元年	乙丑	六四七	一二六五	
	七年（元至元八年）	辛未	六四一	一二七一	蒙古改國號爲元
	九年	癸酉	六三九	一二七三	元兵陷襄陽
	一〇年	甲戌	六三八	一二七四	元伐日本敗績
恭帝	德祐 元年	乙亥	六三七	一二七五	馬可波羅到大都
端宗	景炎 元年	丙子	六三六	一二七六	元兵陷臨安虜恭帝
衛王	祥興 二年（元至元十六年）	己卯	六三三	一二七九	元兵陷厓山宋亡

十七、元

世祖	至元 一八年	辛巳	六三一	一二八一	再伐日本復敗
	二一年	甲申	六二八	一二八四	降占城
	二四年	丁亥	六二五	一二八七	伐安南 降緬甸
	二九年	壬辰	六二〇	一二九二	伐爪哇 馬可波羅西返
	三一年	甲午	六一八	一二九四	孟德高維諾到大都
成宗	元貞 元年	乙未	六一七	一二九五	
武宗	至大 三年	庚戌	六〇二	一三一〇	窩闊台汗國亡
仁宗	皇慶 元年	壬子	六〇〇	一三一二	
英宗	至治 元年	辛酉	五九一	一三二一	察合台汗國分裂
泰定帝	泰定 元年	甲子	五八八	一三二四	

明宗	天曆	二年	己巳	五八三	一三二九	
文宗	至順	元年	庚午	五八二	一三三〇	
寧宗	至順	三年	壬申	五八〇	一三三二	
順帝	至正	八年	戊子	五六四	一三四八	浙江方國珍亂起
		一〇年	庚寅	五六二	一三五〇	徐壽輝起蘄水
		一一年	辛卯	五六一	一三五一	白蓮教劉福通起穎川
		一二年	壬辰	五六〇	一三五一	郭子興起濠州，朱元璋附之
		一三年	癸巳	五五九	一三五三	張士誠起高郵
		一五年	乙未	五五七	一三五五	劉福通擁韓林兒爲宋帝
		一六年	丙申	五五六	一三五六	朱元璋取金陵
		二〇年	庚子	五五二	一三六〇	陳友諒弒徐壽輝自立　明玉珍據蜀
		二三年	癸卯	五四九	一三六三	朱元璋滅陳友諒
		二六年	丙午	五四六	一三六六	韓林兒死
		二七年	丁未	五四五	一三六七	朱元璋滅張士誠及方國珍

十八、明

太祖	洪武	元年	戊申	五四四	一三六八	朱元璋即位於金陵　明軍克大都元亡
		三年	庚戌	五四二	一三七〇	高麗內附
		四年	辛亥	五四一	一三七一	平蜀
		一三年	庚申	五三二	一三八〇	廢丞相
		一五年	壬戌	五三〇	一三八二	平雲南
		一七年	甲子	五二八	一三八四	定八股取士制
		二〇年	丁卯	五二五	一三八七	平東北

惠帝	建文	元年	己卯	五一三	一三九九	燕王起兵（靖難）
		四年	壬午	五一〇	一四〇二	燕師入京師
成祖	永樂	三年	乙酉	五〇七	一四〇五	鄭和初次西航
		五年	丁亥	五〇五	一四〇七	置交阯布政使司
		八年	庚寅	五〇二	一四一〇	親征韃靼
		一二年	甲午	四九八	一四一四	親征瓦剌
		一九年	辛丑	四九一	一四二一	遷都北京
仁宗	洪熙	元年	乙巳	四八七	一四二五	
宣宗	宣德	二年	丁未	四八五	一四二七	棄交阯
		五年	庚戌	四八二	一四三〇	鄭和開始第七次西航
英宗	正統	一四年	己巳	四六三	一四四九	土木堡之變
景帝	景泰	元年	庚午	四六二	一四五〇	于謙當國
英宗	天順	元年	丁丑	四五五	一四五七	奪門之變
憲宗	成化	一九年	癸卯	四二九	一四八三	達延汗復興蒙古
孝宗	弘治	一一年	戊午	四一四	一四九八	東印度航路發現
武宗	正德	一一年	丙子	三九六	一五一六	葡人至廣東
		一四年	己卯	三九三	一五一九	王守仁平寧王之亂
世宗	嘉靖	八年	己丑	三八三	一五二九	王守仁卒
		二九年	庚戌	三六二	一五五〇	俺答犯京師
		三二年	癸丑	三五九	一五五三	倭寇大舉犯浙江
		三六年	丁巳	三五五	一五五七	葡人據澳門
		四三年	甲子	三四八	一五六四	倭寇平
穆宗	隆慶	五年	辛未	三四一	一五七一	封俺答爲順義王
神宗	萬曆	一一年	癸未	三二九	一五八三	努爾哈赤起兵　利瑪竇到粵
		二〇年	壬辰	三二〇	一五九二	日本侵朝鮮

二六年	戊戌	三一四	一五九八	朝鮮日軍退
二九年	辛丑	三一一	一六〇一	利瑪竇入北京
三九年	辛亥	三〇一	一六一一	東林黨爭起
四四年	丙辰	二九六	一六一六	努爾哈赤建後金國
（後金太祖天命元年）				
四七年	己未	二九三	一六一九	薩爾滸之戰
光宗　泰昌　元年	庚申	二九二	一六二〇	
熹宗　天啓　元年	辛酉	二九一	一六二一	後金陷遼陽、瀋陽
四年	甲子	二八八	一六二四	荷蘭人據台灣
六年	丙寅	二八六	一六二六	寧遠之捷
（後金太宗天聰元年）				
思宗　崇禎　二年	己巳	二八三	一六二九	流寇大起
九年	丙子	二七六	一六三六	後金改國號爲大清
（清太宗崇德元年）				
一〇年	丁丑	二七五	一六三七	朝鮮降清
一四年	辛巳	二七一	一六四一	松山之戰
一七年	甲申	二六八	一六四四	李自成陷北京　福王即位於南京　吳三桂迎清兵入關
（清世祖順治元年）				俄人入侵黑龍江

十九、清（前期）

世祖 順治	二年	乙酉	二六七	一六四五	清兵陷南京 唐王即位於福州 李自成敗死
	三年	丙戌	二六六	一六四六	鄭成功舉兵 桂王即位於肇慶
	一五年	戊戌	二五四	一六五八	吳三桂入雲南
	一六年	己亥	二五三	一六五九	桂王走緬甸 鄭成功敗於南京
	一八年	辛癸	二五一	一六六一	鄭成功攻台灣 桂王被執
聖祖 康熙	六年	丁未	二四五	一六六七	帝親政
	一二年	癸丑	二三九	一六七三	三藩亂起
	二〇年	辛酉	二三一	一六八一	三藩亂平
	二二年	癸亥	二二九	一六八三	平台灣
	二四年	乙丑	二二七	一六八五	敗俄人於雅克薩
	二七年	戊辰	二二四	一六八八	準噶爾侵喀爾喀
	二八年	己巳	二二三	一六八九	中俄訂尼布楚條約
	三六年	丁丑	二一五	一六九七	外蒙平服
	五九年	庚子	一九二	一七二〇	平西藏
	六〇年	辛丑	一九一	一七二一	台灣朱一貴起事
世宗 雍正	元年	癸卯	一八九	一七二三	禁天主教
	二年	甲辰	一八八	一七二四	平青海
	四年	丙午	一八六	一七二六	雲貴改土歸流
	五年	丁未	一八五	一七二七	中俄訂恰克圖條約
高宗 乾隆	二二年	丁丑	一五五	一七五七	平準噶爾 定廣州爲互市口岸
	二五年	庚辰	一五二	一七六〇	平回疆

三四年	己丑	一四三	一七六九 平緬甸
四七年	壬寅	一三〇	一七八二 四庫全書成
五一年	丙午	一二六	一七八六 台灣林爽文起事　暹羅受封
五四年	己酉	一二三	一七八九 平安南
五七年	壬子	一二〇	一七九二 平廓爾喀
五八年	癸丑	一一九	一七九三 英使到京

二〇、清（後期）

歷代紀元	干支	西元	大事
仁宗　嘉慶　元年	丙辰	一七九六	白蓮教亂起
九年	甲子	一八〇四	白蓮教亂平
一二年	丁卯	一八〇七	基督教傳入
一八年	癸酉	一八一三	天理教亂
二一年	丙子	一八一六	英使再到北京被拒
宣宗　道光　一四年	甲午	一八三四	英國置駐華商務監督
一九年	己亥	一八三九	林則徐收英人鴉片
二〇年	庚子	一八四〇	中英鴉片戰爭起　英軍陷定海
二一年	辛丑	一八四一	英軍再陷定海
二二年	壬寅	一八四二	英軍陷鎮江　中英訂南京條約
二三年	癸卯	一八四三	洪秀全開始布教
二四年	甲辰	一八四四	中美訂約　中法訂約
二九年	己酉	一八四九	廣州拒英人進城
三〇年	庚戌	一八五〇	洪秀全起事

文宗　咸豐	元年	辛亥	一八五一	太平軍占永安
	二年	壬子	一八五二	太平軍占武昌
	三年	癸丑	一八五三	太平軍占南京　太平軍逼天津
	四年	甲寅	一八五四	曾國藩討太平軍　英美法要求修約
	六年	丙辰	一八五六	太平軍內訌　雲南回亂大起　發生亞羅號事件
	七年	丁巳	一八五七	英法軍陷廣州
	八年	戊午	一八五八	中俄訂瑷琿條約　與英法美俄訂天津條約
	九年	己未	一八五九	英軍敗於大沽
	一〇年	庚申	一八六〇	太平軍破江南大營　英法軍入北京　與英法俄訂北京條約　設總理各國事務衙門
	一一年	辛酉	一八六一	慈禧聽政
穆宗　同治	元年	壬戌	一八六二	英法軍連敗太平軍於上海、寧波　陝甘回亂起
	三年	甲子	一八六四	新疆回亂起　太平天國亡
	四年	乙丑	一八六五	捻亂擴大
	五年	丙寅	一八六六	孫中山誕生
	七年	戊辰	一八六八	捻亂平
	一〇年	辛未	一八七一	俄占伊犁　中日訂約
	一二年	癸酉	一八七三	雲南回亂平　甘肅回亂平
	一三年	甲戌	一八七四	日軍侵台灣　慈禧二次聽政
德宗　光緒	二年	丙子	一八七六	中英訂煙台條約
	三年	丁丑	一八七七	左宗棠平新疆
	五年	己卯	一八七九	日併琉球　崇厚與俄訂伊犁條約
	七年	辛巳	一八八一	曾紀澤改訂伊犁條約
	八年	壬午	一八八二	訂朝鮮之亂
	九年	癸未	一八八三	中法越南戰爭起
	一〇年	甲申	一八八四	中法福州海戰　新疆建省　朝鮮京城變亂

一一年	乙酉	一八八五	中法諒山之戰　中法和約　設海軍事務衙門　台灣建省　英併緬甸
一四年	戊子	一八八八	英併哲孟雄
一五年	己丑	一八八九	光緒親政
二〇年	甲午	一八九四	中日戰爭爆發　中日平壤黃海之戰　興中會成立
二一年	乙未	一八九五	中日簽訂馬關條約　台灣割日　革命軍廣州首義　康有爲梁啓超「公車上書」
二二年	丙申	一八九六	中俄密約　孫中山倫敦蒙難
二三年	丁酉	一八九七	德占膠州灣　俄占旅順、大連　康有爲上書請變法　興中會台灣分會成立
二四年	戊戌	一八九八	法租廣州灣　英租威海衛　百日維新　慈禧三次聽政
二五年	己亥	一八九九	英俄協定　美提出門户開放政策　康有爲組成「保皇會」
二六年	庚子	一九〇〇	義和團之亂　八國聯軍之役　義和團圍攻大使館　俄陷東三省　外軍陷北京　革命軍惠州之役
二七年	辛丑	一九〇一	辛丑和約　李鴻章卒　袁世凱任直隸總督
二八年	壬寅	一九〇二	詔廢八股　中俄訂東三省撤兵條約
二九年	癸卯	一九〇三	東北俄兵中止撤退
三〇年	甲辰	一九〇四	日俄戰爭　華興會長沙起義失敗　英軍陷拉薩
三一年	乙巳	一九〇五	同盟會成立　《民報》創刊　日俄簽訂和約　中日簽訂東三省事宜條約
三二年	丙午	一九〇六	清廷下詔預備立憲　廢除科舉　革命軍萍瀏起義
三三年	丁未	一九〇七	東三省改制　徐錫麟刺恩銘　秋瑾殉難　革命軍第三至六次起義
三四年	戊申	一九〇八	光緒帝及慈禧太后卒　革命軍欽廉上思河口起義　袁世凱被罷黜
宣統　元年	己酉	一九〇九	各省諮議局成立　美國建議東三省鐵路中立
二年	庚戌	一九一〇	廣州新軍起義　日亡朝鮮　日俄第二次密約

三年	辛亥	一九一一	革命軍廣州三二九之役　鐵路國有與四川路朝　武昌起義各省響應　孫中山先生當選臨時大總統　俄人唆使外蒙「獨立」　英人唆使西藏「獨立」

二二、中華民國

中華民國　元年	壬子	一九一二	中華民國臨時政府成立，孫中山先生就任臨時大總統　公布中華民國臨時約法　清帝退位　袁世凱當選第二任臨時大總統　臨時政府北遷　國民黨成立　俄蒙秘約　藏兵入侵四川
二年	癸丑	一九一三	宋教仁被刺　國會成立　袁政府違法借款　二次革命失敗　袁世凱當選正式大總統　解散國會　日本提出滿蒙五路要求　中俄蒙協定
三年	甲寅	一九一四	袁公布新約法　中華革命黨成立　第一次世界大戰爆發　日本侵山東占膠濟鐵路及青島　西姆拉協定，我國拒絕承認
四年	乙卯	一九一五	日本提出二十一條要求　五九國恥　中俄蒙恰克圖協定　洪憲帝制　肇和艦起義　護國軍雲南起義
五年	丙辰	一九一六	袁世凱取消帝制　陳其美被刺　袁世凱卒，黎元洪繼任大總統　恢復民元約法及國會　馮國璋當選副總統　黃興卒　蔡鍔卒
六年	丁巳	一九一七	督軍團叛變　張勳擁清廢帝溥儀復辟　國會第二次被解散　孫中山先生倡導護法　馮國璋代理大總統　對德奧宣戰　俄國革命
七年	戊午	一九一八	軍政府改組　孫中山先生離粵赴滬，岑春煊任軍政府主席總裁　徐世昌任大總統　第一次世界大戰結束　段祺瑞與日本締結軍事協定
八年	己未	一九一九	巴黎和會　拒簽對德和約　五四運動　南北議和不成　中華革命黨改組爲中國國民黨　外蒙撤銷自治

九年	庚申	一九二〇	直皖戰爭　粵軍自閩回粵驅逐桂系軍人　收復廣州　孫中山先生返粵繼續護法
一〇年	辛酉	一九二一	孫中山先生在廣州就任非常大總統　中國共產黨成立　蘇俄侵占庫倫，唆使外蒙獨立　中德簽約　華盛頓會議開幕
一一年	壬戌	一九二二	華盛頓會議締結九國公約　第一次直奉戰爭　徐世昌被逼去職　黎元洪復任大總統　陳炯明叛變，孫中山先生赴滬　舊國會在北京復會
一二年	癸亥	一九二三	陳炯明叛軍被逐出廣州　孫越聯合宣言　孫中山先生重回廣州復任大元帥　黎元洪被逼去職　曹錕賄選　護法結束
一三年	甲子	一九二四	中國國民黨召開第一次全國代表大會　孫中山先生講演三民主義，宣布建國大綱　中俄簽訂協定　黃埔陸軍軍官學校成立　第二次直奉戰爭　段祺瑞任臨時執政　孫中山先生北上
一四年	乙丑	一九二五	孫中山先生逝世　五卅慘案　沙基慘案　國民政府成立　國民革命軍肅清東江陳炯明叛軍
一五年	丙寅	一九二六	中國國民黨第二次全國代表大會　北京三一八事件　中山艦事件　段祺瑞被逐，臨時執政府垮台　國民革命軍誓師北伐　萬縣慘案　汀泗橋戰役　北伐軍攻克武漢、南昌
一六年	丁卯	一九二七	國民政府收回漢口、九江英租界　北伐軍克復南京、上海　南京事件　國民黨實行清黨　國民政府奠都南京　寧漢分裂　寧漢合作　張作霖自任爲大元帥　張作霖搜查北京俄使館　國民政府對俄絕交
一七年	戊辰	一九二八	濟南慘案　北伐軍攻克北京、天津，北伐告成　張作霖被日人炸斃　國府五院成立　訓政開始　蔣中正任國府主席　東北易幟　全國統一
一八年	己巳	一九二九	國軍編遣會議　中國國民黨第三次全國代表大會　桂系等叛變失敗　中東路事件
一九年	庚午	一九三〇	閻錫山、馮玉祥聯合叛變　北平擴大會議　收回威海衛租借地　實施關稅自主　第二次全國教育會議　台灣霧社山胞抗日事件
二〇年	辛未	一九三一	召開國民會議　九一八事變　中國國民黨第四次全國代表大會　國民政府改組，林森任主席　共黨在江西成立僞「中華蘇維埃共和國」

二一年	壬申	一九三二	上海一二八事變　國難會議　蔣中正先生任軍事委員會委員長　李頓調查團至東北調查　僞「滿洲國」成立　中俄復交　豫鄂皖剿共
二二年	癸酉	一九三三	日軍攻陷熱河　中日締結溏沽停戰協定　第四次圍剿共軍　馮玉祥察省抗日事件　福建事變　廢兩改元，確定銀本位幣制
二三年	甲戌	一九三四	新生活運動　第五次圍剿共軍　廬山訓練團成立　共軍自江西開始逃竄　國府派專使入藏舉行冊封及致祭達賴喇嘛大典
二四年	乙亥	一九三五	國民經濟建設運動　日、美、英、法等國公使升格大使　殘餘共軍竄抵陝北　政府改革幣制　中國國民黨第五次全國代表大會　僞「冀東防共自治政府」成立　冀察政務委員會成立
二五年	丙子	一九三六	共軍犯晉　兩廣異動　粵漢路通車　全國爲蔣委員長獻機祝壽　綏遠百靈廟大捷　西安事變
二六年	丁丑	一九三七	東北軍、川軍整編　七七事變　全面抗戰開始　第二次世界大戰亞洲戰爭起　國聯召開布魯塞爾會議　國民政府遷都重慶　南京陷落日軍瘋狂屠殺
二七年	戊寅	一九三八	台兒莊大捷　中國國民黨臨時全國代表大會，推蔣中正先生任總裁　頒布抗戰建國綱領　國民參政會成立　三民主義青年團成立　廣州陷落　武漢撤守　汪兆銘潛離重慶，通敵叛國　日俄在張鼓峰衝突
二八年	己卯	一九三八	西康省政府正式成立　第二次世界大戰歐洲戰爭爆發　國民精神總動員運動　第一次長沙大捷　美國廢止美日通商條約
二九年	庚辰	一九四〇	全國實行新縣制　汪僞組織在南京成立　張自忠殉國　法國封閉滇越路　英國封閉滇緬路　華北共軍侵入山東　日德義三國成立同盟
三〇年	辛巳	一九四一	皖南新四軍（共軍）叛變　蘇俄與日本簽訂中立友好條約　德蘇戰爭爆發　第二次長沙大捷　珍珠港事變，太平洋戰爭發生　國民政府對日本及德義宣戰　國軍入緬協助英軍作戰
三一年	壬午	一九四二	蔣委員長出任中國戰區盟軍最高統帥　第三次長沙大捷　蔣委員長訪問印度　英美宣布放棄在華特權

三二年	癸未	一九四三	中美中英簽訂平等新約　蔣委員長發表《中國之命運》一書　新疆當局歸政中央　國民政府主席林森逝世，蔣中正先生繼任　中美英蘇發表四外長宣言　開羅會議
三三年	甲申	一九四四	中央核定以三月二十九日爲青年節　衡陽會戰　日軍攻入桂黔　知識青年從軍運動　新疆伊寧事變
三四年	乙酉	一九四五	滇西國軍與入緬遠征軍會師　雅爾達密約　中國國民黨第六次全國代表大會　湘西大捷　波茨坦宣言　日本投降　中蘇友好同盟條約簽字　台灣光復　重慶和談　蘇俄劫掠東北
三五年	丙戌	一九四六	政治協商會議　馬歇爾來華調停　國民政府還都　共軍大舉叛亂　美國停止援助　中美友好通商航海條約簽字　召開制憲國民大會，制定中華民國憲法
三六年	丁亥	一九四七	國民政府公布憲法　俄、蒙軍侵入新疆北塔山　政府宣布動員戡亂
三七年	戊子	一九四八	召開第一屆國民大會，選舉蔣中正先生爲行憲後首任總統，李宗仁當選副總統　頒布財政經濟緊急處分令　東北全部淪陷　徐蚌會戰失利
三八年	己丑	一九四九	蔣中正先生引退，李宗仁代行總統職權　平津淪陷　台灣實施「三七五減租」　共軍渡江　「中華人民共和國」成立　金門大捷　政府遷台　我國向聯合國提出「控蘇案」

國家圖書館出版品預行編目（CIP）資料

本國史基本讀本 / 孫文學校編著. -- 初版. --
臺北市 ： 孫文學校, 2019.01
冊； 公分

ISBN 978-986-97019-4-5 (上冊 ： 平裝). --
ISBN 978-986-97019-5-2 (下冊 ： 平裝)

1.中國史

610 108000017

本國史基本讀本(下冊)

編 著 者／孫文學校
出 版 者／孫文學校
發 行 人／張亞中
總 編 輯／閻富萍
地 址／台北市萬芳路 60-19 號 6 樓
電 話／(02)26647780
傳 真／(02)26647633
E - mail ／service@ycrc.com.tw
網 址／www.ycrc.com.tw
ISBN ／978-986-97019-5-2
初版一刷／2019 年 1 月
定 價／新台幣 380 元